农村合作社
运营与发展

NONGCUN HEZUOSHE
YUNYING YU FAZHAN

李锦顺　主编

华龄出版社
HUALING PRESS

图书在版编目（CIP）数据

农村合作社运营与发展 / 李锦顺主编. -- 北京：
华龄出版社，2021.12
助力乡村振兴基层干部培训系列图书
ISBN 978-7-5169-2143-2

Ⅰ. ①农… Ⅱ. ①李… Ⅲ. ①农业合作社－运营管理
－中国－干部培训－教材 Ⅳ. ①F321.42

中国版本图书馆 CIP 数据核字(2021)第 271793 号

| 策　　划 | 社区部　善爱社工 | 责任印制 | 李末圻 |
| 责任编辑 | 薛治　李芳悦 | 装帧设计 | 唐韵设计 |

书　　名	农村合作社运营与发展	作　者	李锦顺
出　　版	**华龄出版社** HUALING PRESS		
发　　行			
社　　址	北京市东城区安定门外大街甲 57 号	邮　编	100011
发　　行	(010)58122255	传　真	(010)84049572
承　　印	三河市腾飞印务有限公司		
版　　次	2022 年 3 月第 1 版	印　次	2022 年 3 月第 1 次印刷
规　　格	710mm×1000mm	开　本	1/16
印　　张	15	字　数	166 千字
书　　号	ISBN 978-7-5169-2143-2		
定　　价	54.00 元		

本书编委会

为社会基层治理服务，打造社区所需的精品图书
——华龄出版社"社区书系"倾情奉献

"社区书系"是为适应新时代基层社会治理需要，深入贯彻党的十九届四中全会、五中全会关于"构建基层社会治理新格局""社会治理特别是基层治理水平明显提高"的重要部署，落实习近平总书记关于"建立一支素质优良的专业化社区工作者队伍"的指示要求而策划编写的，旨在为社区工作人员提供系统的社区工作理论和方法指导，提高社区工作者的理论素养和工作能力，推进社区治理体系与治理能力现代化。

"社区书系"是一个融图书、视频、服务为一体的新型复合出版工程，内容体系包括三个方面：

纸质图书　通过纸质图书阅读，为社区工作者提供系统的理论和方法指导。

线上课程　通过视频课程、网络直播课程，深化重点知识，解读难点知识。

专家服务　通过线下培训、现场诊断等，解决社区工作中存在的问题症结。

华龄出版社是中国老龄协会主管主办的中央部委出版社，为出版"社区书系"专门成立了"社区部"，全面统筹谋划出版。"社区书系"计划出版图书 200 种，覆盖社区工作各个方面，现面向全国诚邀熟悉社区工作的专家、学者加盟"社区书系"出版计划，一起为中国社区的发展繁荣出一份力！

社区视频培训讲座

前言

　　乡村兴则国家兴，乡村衰则国家衰。全面建成小康社会和全面建设社会主义现代化强国，最艰巨最繁重的任务在农村，最广泛最深厚的基础在农村，最大的潜力和后劲也在农村。实施乡村振兴战略，是以习近平同志为核心的党中央着眼于党和国家事业全局，深刻把握现代化建设规律和城乡关系变化特征，顺应亿万农民对美好生活的期待做出的重大决策部署，是决胜全面建设小康社会、全面建设社会主义现代化国家的重大历史任务，是做好新时代"三农"工作的总抓手，也是解决新时代我国社会主要矛盾、实现"两个一百年"奋斗目标和中华民族伟大复兴的中国梦的必然要求，具有重大现实意义和深远历史意义。

　　近年来，中共中央、国务院连续发布中央一号文件，提出一系列乡村振兴战略的原则，对新发展阶段优先发展农业农村、全面推进乡村振兴作出总体部署，为做好当前和今后一个时期"三农"工作指明了方向。同时，我们也应当清醒地看到，乡村振兴是一项长期而艰巨的战略任务，不可能在短期内完成。近年来，我国的"三农"工作取得了明显的成效，但是也存在着很多困难和问题，距离实现农业农村现代化尚有一定的差距，如各地"三农"发展规划设计缺乏系统性、科学性、可操作性和可持续性，导致力量分散、步调不一、行动盲目、落实难、效果差。尤其是农村基层工作人员，对于如何实施乡村振兴战略并不是十分明晰，不知道从何着手，缺乏科学的工作思路和有效的工作方法，导致某些地方的"三农"工作缺乏成效，乡村治理成效并不显著。

为了响应党的乡村振兴战略，推动乡村振兴战略的实施，解决当前"三农"工作存在的难题，根据党的乡村振兴战略的路线、方针、政策，参照党和国家关于乡村振兴战略的原则，我们进行了深入的市场调研和周密的选题策划，由著名社会科学专家李锦顺博士担任主编，并组织了一批长期活跃在乡村振兴工作一线的专家、学者、优秀工作人员担任编委，编写了"助力乡村振兴基层干部培训系列图书"。"助力乡村振兴基层干部培训系列图书"一共有 10 册，分别是《乡村旅游的开发与运营》《发挥本地优势发展乡村特色产业》《美丽乡村建设 100 例》《乡村治理体系的健全与发展》《农村合作社运营与发展》《休闲农业的开发与运营》《电子商务助力乡村振兴》《乡村生态宜居环境建设》《提高农民收入的新思路新途径》《农业产业化经营与农业技术推广工作创新》。

"助力乡村振兴基层干部培训系列图书"在全面总结提炼全国"三农"发展实践和经验的基础上，深入探究乡村振兴规律，系统提出乡村振兴路径，认真推荐乡村振兴典型，提出了新时代乡村振兴的思路、举措、方法、案例，以全局视角解读乡村振兴战略，以实地案例审视乡村未来发展。在大量的调查研究基础之上，围绕着中国乡村振兴诸问题，分别从乡村旅游、农村电子商务、乡村特色产业、美丽乡村建设、农村合作社、农业产业化经营与农业技术推广、农民增收、休闲农业、乡村治理、乡村生态宜居环境等 10 个方面，对如何实施乡村振兴战略提出了一系列切实可行的工作指导方法和针对性意见，以期从事乡村治理的政务工作人员和广大基层工作者以这套书作为借鉴，从中得到工作启示和方法指导，更好地指导工作实践，为实施乡村振兴战略、实现农业农村现代化做出更大的贡献。

"助力乡村振兴基层干部培训系列图书"有以下几个特点：

1. 专家团队编写，内容权威专业

本书由著名社会科学专家李锦顺博士担任主编，由一批长期从事"三农"问题研究和"三农"工作的专家、学者、优秀"三农"工作者参与编写，从选题策划到内容编写，期间反复讨论、调研，并广泛听取了社科院教授、政府干部、农村基层工作人员的意见进行修改完善，因此，图书内容的专业性、权威性是毋庸置疑的。

2. 图书视角独特，观点清晰鲜明

本书始终遵循"以助力实施乡村振兴战略为抓手，提供切实可行的思路和方法，解决实际问题"的选题和编写思路，精准选择乡村旅游、农村电子商务、乡村特色产业、美丽乡村建设、农村合作社等十个方面作为破解当前"三农"工作瓶颈的突破口，一本书就是一部解决三农问题的专著，就是一种工作思路和方向，针对性强，观点鲜明。

3. 深入实证调研，极具参考价值

作者多年来一直坚持深入农村进行实地调研考察，编写时参考了诸多在乡村进行实地调研得来的案例及一手资料，从而能够从实际情况出发，针对"三农"工作中的诸多问题作出鞭辟入里的分析、论述，提出可行性很强的方法建议。可以说，本系列图书丰富了学界关于乡村振兴战略的理论成果，同时对政策制定部门来说也有着很高的参考价值。

4. 语言深入浅出，内容紧接地气

编写人员充分考虑到乡村振兴的这十个领域学科实践性强的特点，力求理论阐述准确、案例分析清楚，并充分考虑到各个行业快速发展变化的现状，将学界最新的研究成果、数据、资料、案例穿插于理论之中，以提高内容的时效性；在结构编排上，注重结构的层次性和逻辑性，尽力做到脉络清晰、条理分明；在文字表述上，坚持深入浅出和通俗易懂的原

则,语言力求精练、准确,使其符合绝大多数读者的认知能力。

5.既有理论指引,更有方法指导

本书将国家战略和地方实践、学术成果有机结合,高屋建瓴地提出了很多富有见地和独创性的理论,给广大农村基层工作者提供了思想理论指导,同时又针对相关问题,结合典型案例提出了一系列切实可行的操作方法,为实施乡村振兴战略提供了可借鉴、可参考、可推广的样本示范,值得广大读者细读、精读、深读。

总之,本系列图书视角独特,观点鲜明,切中肯綮,发人深省,不仅丰富了乡村振兴战略理论,同时对乡村振兴的政策制定和具体实施也有很高的参考价值。它是一套学习"三农"知识的优秀图书,也是一套有助于提高乡村干部工作能力的权威教材,更是一套新时代学习、贯彻、实施乡村振兴战略的优秀参考读物。

这套书在策划、编写过程中,得到了众多涉农专业的教授、专家、学者和政府干部、农村基层工作人员的宝贵指导,使本书内容更趋专业、科学、严谨,在此对他们表示衷心的感谢! 由于时间仓促,编者能力水平有限,书中难免存在不当之处,还请广大读者和行业人士不吝赐教,共同探究和提高。

编 者

目　录

第一章 合作社的基本知识

在探讨农村合作社的运营与发展之前,本章先对合作社的定义、基本原则、功能、分类及基本理论等进行阐述,为运营与发展农村合作社提供基础学理支持。

第一节 合作社的定义及基本原则

合作社有不同的类型并以不同的类型存在于世界上许多国家。由于各国的历史背景以及社会、经济、政治、文化条件不同,各国合作社的内部制度安排有所不同,各国合作社理论界对合作社原则的理解和认同程度亦有差别。一直以来,国际学术界和各国合作社理论界围绕合作社界定争论不断。100 多年来,合作社的定义及基本原则不断修正与补充,直到国际合作社联盟(ICA)在 1995 年举行的合作社 100 周年代表大会上讨论并发布了《关于合作社界定的声明》(以下简称《声明》)。《声明》概括表达了各国官方和国际学术界对合作社本质的一致规定。接下来我们将对《声明》中确定的合作社定义以及合作社基本原则进行系统分析。

一、合作社的定义

《声明》对合作社的定义是:"合作社是自愿联合起来的人们通过联

合所有民主控制的企业来满足他们共同的经济、社会和文化的需求与抱负的自治联合体。"根据这个定义可知,合作社具有企业和共同体的双重属性。一方面,合作社是由有服务需要的人们在自愿的基础上根据民主控制原则合作组建的企业;另一方面,合作社是以回应社员的经济、社会等多元诉求为宗旨的自治组织。由此可见,合作社具有民办性质,承认社员的资产所有权以及一定的参与分配的权利,同时承认其社员家庭仍然是一个独立的经营主体。《声明》给出的合作社定义,主要包含以下几点:

1. 合作社的性质是独立自主自治的联合体,载体是"企业",因此其具有企业和共同体的双重属性,是区别于其他企业组织形式的一种特殊的企业组织。作为企业,合作社可以参与市场竞争,追求利润最大化、市场效率;作为社员自愿联合的共同体,合作社具有非营利组织的特性,追求社员公共利益最大化,社员能够得到有限的资本报酬,盈余按交易额比例返还给社员。

2. 合作社的主体是"自愿联合起来的人们",强调合作社是人的联合,而不是资本的联合,但资本属于全体社员。合作社是自愿加入的组织,不能采取行政手段强制撮合。进入合作社后,在进入和退出机制方面的知情同意权和自由决定权,是社员最基本的权利。人们有进入的自由,也有退出的自由。

3. 合作社的宗旨是服务社员,满足社员的多种需求。服务社员是合作社的唯一宗旨,满足社员的经济需求是合作社的首要任务。此外,作为社员联合共同体,合作社还应尽其所能满足社员在社会和文化层面的需求。

4. "联合所有"和社员"民主控制"是合作社实现服务社员宗旨的制度保证。联合所有是产权特征,民主控制是治理特征,这两个制度使合作社区别于其他企业组织。

二、合作社的基本原则

国际合作社的基本原则是在罗虚代尔原则的基础上经过国际合作社联盟代表大会多次修订而确定的。合作社原则是合作社的制度基础，《声明》中将合作社原则修订为七项：①自愿和开放的社员资格；②社员民主控制；③社员经济参与；④自治和独立；⑤教育、培训与告知；⑥合作社之间的合作；⑦关注社区。这七项原则是一百多年来合作社运动实践的结果，每一项原则都有丰富的内涵，对指导合作社的发展具有重要意义。

（一）自愿和开放的社员资格

合作社是人们自愿联合的组织，个人入社自愿、退社自由，强制个人参与合作社或强制退出都是违背合作社成立的初衷的。合作社向愿意承担社员义务和行使权利的所有人开放，不允许有任何性别、社会、种族、政治或宗教的歧视。

（二）社员民主控制

此原则包括三个基本点：第一，合作社由社员民主控制，最终决定权由社员通过民主程序实行；第二，由社员选举出来从事合作社事务的负责人要对社员负责；第三，社员行使"一人一票"的平等投票权。

（三）社员经济参与

此原则主要涉及合作社资本的使用及管理。社员对合作社的资本做出公平的贡献并加以民主控制，资本通常应有一部分是作为合作社的共同财产，社员对为具备社员资格所认缴的资本，通常只能得到有限的资本报酬。社员盈余的分配应用于下列部分或全部的目的：发展其合作社，如设立公积金，其中至少有一部分是不可分割的；按社员与合作社之间交易额的比例返还给社员；支持社员的其他活动。

（四）自治和独立

此原则包括两个基本点：第一，合作社既是自助的也是自治的组织。

自助体现合作社自力更生的精神,是自治的前提;自治表明合作社的独立自主,是合作社自助的必然要求。第二,外部资本可以进入合作社,但前提是保证合作社的自治和独立。合作社不允许外部任何个人、组织或者机构对其实施控制。

(五)教育、培训与告知

教育是指系统地传授、传播合作社知识和文化,培育合作社意识。合作社内外都要推行合作社教育,已有不少发达国家将合作社教育纳入小学的学校课程中。培训的重点是技能培训,对象是社员、选举出来的代表、管理人员和雇员,目的是让他们能够有效地对合作社的发展作出贡献。内部培训内容除了合作社知识和文化,还包括技术、技能、营销、管理和同政府沟通能力等。告知是指将合作社知识、文化面向社会公众进行广泛传播,重点传播对象是年轻人和舆论带头人。

(六)合作社之间的合作

为能够最有效地为社员服务,合作社要加强互相之间的合作,目的在于进一步开发合作社的潜力,增强自力更生的实力和社会影响力,从而使合作社更具竞争优势。建设合作社支持系统是发展合作社之间合作的主要形式。合作社支持系统包括合作社的联合社,还包括通过特定的专业为合作社提供服务(如法律服务、会计服务和金融服务等)的专业合作社。

(七)关注社区

此原则是指合作社根据社员批准的政策来促进其所在社区的持续发展。社员本身以及他们从事的活动与社区息息相关。因此,即使组织和参加合作社的初衷是使用合作社的服务,满足社员自身的需要,但他们也要关注社区在经济、社会等方面的变革,从而提高社区居民的生活质量。

第二节　合作社的功能及分类

目前,在多数发达国家和许多发展中国家,农村合作社都已得到长足的发展,并在农村经济社会发展中扮演着重要角色。相比之下,我国的农村合作社普遍存在着规模偏小、实力偏弱、影响力偏低等问题,其发展水平远远滞后于现实需要。究其原因,最根本的在于人们对合作社的重要功能认识不足,以致于在实践中未能将合作社的发展提上重要议事日程。鉴于此,本节将对农村合作社的八大功能作一简要分析,以期提高人们对发展合作社的必然性、重要性和紧迫性的认识,促进合作社的快速成长。

几十年来,在数量增长的同时,合作社组织形式日趋丰富多样,出现了多种类型,本章也将对合作社类型进行划分。

一、合作社的功能

(一)作为重要平台实现农业现代化

要实现农业现代化,首先要实现农业科技现代化。加速农业先进科技的研发和推广,是农业发展的根本动力。然而,科技含量低以及科技成果转化难,已成为当前制约我国农业发展的主要因素。究其原因有三:一是农业发展的自然环境差,对资金、人才、技术等生产要素的吸引力较弱;二是农业科研与生产严重脱节,农技创新与推广缺乏动力;三是农户力量薄弱而分散,不具备吸收和转化科技成果的实力。农村合作社组建后,凭借自身较强的经济实力和与农民的天然联系,通过引进、实验和示范,传播农业适用技术和科研成果,提高了农民的专业技术水平和农业发展的科技含量,成为实现农业现代化的重要依托。

（二）作为重要载体推进农业产业化

农业产业化是实现农业现代化的必由之路。它既是农业生产经营的机制创新，又是农业生产经营的组织创新；它既需要专业分工，又需要相互合作。农村合作社作为推进农业产业化的有效而又理想的载体，在农业产业化中充当两个重要角色：一是充当农业产业化的龙头，实行产销一体化经营；二是充当农业产业化龙头企业和农户之间的中介，既可代表社员与龙头企业进行谈判及签订农产品产销或初加工合同，又可在合作社内监督社员按合同完成各自的生产任务，保证龙头企业所需的农产品数量和质量，从而实现龙头企业与农户的利益双赢。

（三）作为重要依托提升农产品国际竞争力

农产品的竞争力指农产品参与市场竞争并持续获取利润的能力，主要体现在农产品的价格、质量和市场营销能力三个方面。因此，为提升农产品的竞争力，既要在生产环节降低价格、提高质量，又要在营销环节降低市场交易成本。而直接影响生产效率和交易成本是农产品的生产方式及进入市场的组织形式，它是决定农产品竞争力的基本因素。合作社作为依托，向农民提供信息、资金、技术等服务，并引导农民进行生产、加工等，保证农产品的质量；另一方面，合作社通过集中搜寻信息、价格谈判、合同签订、产品运销等环节，可以降低市场交易成本，增强农产品竞争优势，从而提高农产品国际竞争力。

（四）作为重要渠道增加农民收入

合作社是增加农民收入的重要渠道，主要体现在两个方面：一方面，合作社向农民提供产前、产中、产后服务，深化了劳动分工，扩大了经营规模，加速转化和普及科技成果，提高了劳动效率，增加了产出；另一方面，合作社能够直接从批发市场或生产厂家批量购买生产资料，降低了生产成本，减少了支出。

（五）作为重要媒介强化农民素质

农业和农村现代化的实现，依赖于农民自身综合素质的提高，因此必须加强对农民的教育和培训。而合作社本身就是一种学习型组织,是对农民进行教育和培训的最有效、最方便的媒介和载体。合作社可以通过向农民推广农业技术提高农民的科技素质,但合作社对农民的教育作用不局限于农业技术方面。农民可以在参与合作社的日常活动中受到多方面的教育:合作社是农民自主联合的产物,可以增强农民的主人翁意识和合作意识;合作社以市场为导向的发展原则,可以唤醒农民的市场意识,锻炼其参与市场的能力等。

(六)作为重要武器维护农民利益

我国农民的利益有较高的一致性,但在对利益的表达上呈现出明显的个性化和分散化特征,缺乏应有的表达效果。因而农民常常陷入孤立无援的窘境之中,在市场中也常常处于不利的地位。合作社的出现,使农民的利益得到了维护,增强了农民利益保护能力和谈判地位,也为加强行业管理和防止恶性竞争等创造了条件。

(七)作为重要基石保障农村社会稳定

伴随着市场经济体制的出现以及改革开放带来的空前活力,农村经济社会秩序也出现了空前失范,无序竞争、假冒伪劣、资源浪费、环境破坏等问题严重困扰经济的健康发展。从社会结构层面分析,原因在于缺乏成熟的中介组织。而把农村合作社这样的自治组织作为社会中介组织,不仅能有效扩展农民的自治空间,规范农民的经济行为,保障经济的有序运行,而且能让政府和农民进行有效沟通,疏导农民的不满情绪,实现农民合法的、有组织的经济参与和政治参与,从而避免无组织行为和突发事件对社会秩序的破坏,达到缓解社会矛盾、保障社会稳定的效果。

(八)作为重要支撑促进农村全面发展

保证和促进所在社区经济、社会、文化的协调发展,是合作社的一项基本原则,也是合作社的一种基本责任。合作社对农村经济发展有较大的促进作用,对农村民主政治和精神文明发展的推动作用也十分明显。合作社可以培养农民行使民主权利、实施民主决策,增强民主管理的意识和能力,从而推进农村的民主政治建设;合作社可以提高农民的科技素质和思想素质,从而提高农民精神文明水平。此外,合作社的发展分摊了村两委的部分经济事务,使村两委能够腾出更多精力抓好精神文明建设、社会治安综合治理等工作,间接促进农村的全面发展。

二、合作社的类型

以合作社自身的功能为标准,合作社可分为两大类:生产类合作社和服务类合作社。生产类合作社即从事种植、采集、养殖、渔猎、牧养、加工、建筑等生产活动的各类合作社,如农业生产合作社、手工业生产合作社、建筑合作社等;服务类合作社即通过各种劳务、服务等方式,提供给社员生产生活一定便利条件的合作社,如租赁合作社、劳务合作社、医疗合作社、保险合作社、利用合作社等。

1.消费合作社。消费合作社是指由消费者共同出资组成,主要通过经营生活消费品为社员自身服务的合作组织。

2.供销合作社。供销合作社是指购进各种生产资料出售给社员,同时销售社员的产品,以满足其生产上各种需要的合作社,是当前世界上较为流行的一种合作组织。供销合作社经营方式有两种:一是专营供给业务;二是兼营农产品运销或者日用工业品销售等业务。

3.运销合作社。运销合作社是指从事社员生产的商品联合推销业务的合作社。合作社的业务主要集中在农产品运销方面,源于大机器工业生产条件下,工业品主要通过各种大型的商业机构销售,而农业生产和农产品基于其自然特点,供应不能十分均衡,价格变化较大。通过组织合作社专门销售,可以尽量避免经济上的风险。目前,世界各国的运销合作社主要采用三种不同的运销制度:一是收购运销制,即合作社收购农产品后再进行销售,销售盈利与社员无关;二是委托运销制,即合作社代理销售,销售款在扣除一定费用后全部交给社员,盈亏由社员承担;三是合作运销制,即合作社将社员所交的同级产品混合销售,社员取得平均收入。

4. 保险合作社。保险合作社是指个体劳动者、业主、职工联合起来，按照保险法的规定，采取互助方式，以社员为保险对象而经营保险事业的合作社。这种保险组织，由社员交纳保险费，社员自己经营与管理，共同负担灾害损失，维护社员的自身利益。保险合作社主要有三类：一是消费者保险合作社，以人身保险为主；二是劳动者保险合作社，以失业保险和意外保险为主；三是农业保险合作社，以农业生产和收获保险为主。

5. 利用合作社。利用合作社是由合作社置办各种与生产有关的公共设备或者生产资料，以供社员分别使用的一种合作社。目前，世界各国比较普遍的利用合作社有：农业机械利用合作社、种畜利用合作社（利用良种、繁殖家畜）、电气利用合作社、仓库利用合作社、水利利用合作社、土地利用合作社等。

6. 医疗合作社。医疗合作社是公用合作社的一种形式。通过置办医疗设备，聘请医务人员，对社员提供医疗保健服务的合作社。由于服务的范围不同，具体形式也有区别：有的创设独立医院，有的只设简单的诊所，有的只设为社员提供廉价药的药房。

7. 公用合作社。公用合作社是置办各种与日常生活有关的设备以供社员使用的合作社。它与消费合作社不同的是，它所置办的设备为合作社所有，仅供社员使用，非向社员出售；它与利用合作社不同，它所置办的设备为生活所需，而非生产所需。公用合作社的业务种类很多，比较普遍的有：食堂、理发厅、浴池、洗衣、托儿所、图书馆、茶馆、剧场等。目前，住宅合作社和医疗合作社是公用合作社中最发达的两种形式。

8. 劳务合作社。劳务合作社是由合作社承包业务，社员使用集体或个人所有的劳动工具并提供劳动力，共同进行劳动的合作社。社员除得到应得工资外，对年终盈余有权再按社员提供的劳务参与分配。劳务合作社经营的业务，大多属于劳动工具比较简单，工作时间相对较短而工作场所分散或易变的各种劳务，如建筑、运输、装卸、修理、采伐等方面的工作。

第三节　合作社的基本理论

合作社经过一个半世纪的发展,已经成为世界各国农村合作经济组织发展的重要组成部分。对农民专业合作社的发展主要分为三个阶段:一是19世纪80年代初用古典经济学理论、社会组织理论、产业组织理论和市场力量均衡理论来研究合作社;二是将制度经济学的相关理论运用到合作社的研究中,例如交易费用理论、制度创新理论等;三是将竞争理论引用到合作社的研究中。

一、新古典经济学理论

新古典经济学理论认为农业合作社的本质就是厂商,合作社通过扩大经营规模,实现合作社社员的盈余最大化和福利最大化,同时合作社也在竞争过程中改善不完备市场的效率,从而使合作社的产生和发展达到整个社会经济盈余增加的目的。

二、社会组织理论

农民专业合作社的社会构成是影响合作社作用发挥的主要因素。合作社的成员拥有相同的社会基础、相同的认知能力,合作社的成立使他们之间建立信任,形成一个稳定的组织体系,产生共同的价值观和组织精神,在合作社的目标和政策方面团结一致,并且降低了成员之间的交易成本。

三、产业组织理论

产业组织理论在20世纪70年代认为市场结构决定市场行为,市场行为产生市场绩效,从而为政府实行限制垄断和维护公众利益奠定了一定的理论基础。随着 80 年代末博弈论的引入，使产业经济学发生了变化，产业经济理论的研究范式从单向静态转化为双向动态，认为厂商行为是由市场结构内生决定的，而市场结构是过去的厂商行为积累的结果。而农村的发展和农民的进步离不开产业，产业的发展也同样需要各种组织的支撑，这必然促使农民专业合作社成为一支新的主力军。

四、市场力量均衡理论

有经济学家认为，在一个不完全竞争的市场中，由于市场是不均衡的，采取部分消除垄断难以实现资源的有效配置，还可能会降低资源的配置效率。由此可知，在农产品市场中，从事供应、加工、仓储和运销的厂商更容易形成垄断，而对于市场的弱势群体——农民，他们人数很多，相对分散，那么引入农民专业合作社这种新的抗衡垄断的力量，能形成一个竞争相对均衡的市场。

五、交易费用理论

根据科斯的交易费用理论，在农业生产过程中农民专业合作社可以承担代理人的角色，将分散的、数量大的农民、农产品供应商、销售商和加工企业等资源的拥有者有机结合起来，降低交易成本，提高交易效率。如果是个体农户进行交易，那个体就要承担产生搜寻交易对象和谈判的成本，个体农户在解决交易纠纷时不占优势，经常会损失惨重。如果以农民专业合作社的方式进行交易，就可以扩大个体力量，动员整个组织，提高谈判的成功率，扩大影响力，并且在交易谈判过程中分摊各项费用，节约交易成本，减轻个体的压力。

六、制度创新理论

制度创新是实施制度的各个组织改变旧的规则，在相对价格和偏好发生变化的情况下，为谋取自身利益最大化而重新谈判，最终建立新的合约和规则的过程。制度变迁的实质是外部效益内部化,也就是实现潜在受益这一过程。在中国农村经济体制改革中,确立了家庭联产承包责任制,农民获得了生产经营的自主权,但是随着市场结构变化和市场化进程的加快,小规模家庭作坊式经营的局限性也日益显露,比如不能完全获取信息,难以采用新技术新设备,交易成本变高,市场谈判地位处于劣势等。所以,为了提高自身的市场竞争力,农民自发进行组织制度的创新,形成新的合作组织形式,从而获得比较利益。

七、竞争理论

获得大众支持的合作社理论主要认为合作社能促进竞争,因为合作社能改善不完全竞争和垄断市场的状态,增加社会经济的总福利。这种观点认为农民专业合作社具有了竞争尺度的能力,合作社的存在也会使企业更具有竞争力。企业必须采用和合作社相适应的价格以免失去客户,竞争尺度主要影响合作社以外的消费者。

第二章　农村合作社的发展历程

合作社在欧洲、美国、日本、印度等许多国家获得巨大发展，合作社在国际上成为公认的重要的经济形式之一，合作社经济成为世界经济体制中的重要组成部分，农业、渔业、消费、生活、金融、贸易等诸多领域，合作社无处不在，占有举足轻重的地位。特别是农业合作社，在各种合作社组织中处于主导地位，不但形式多样、体系健全，实力也非常强大。

第一节　国际农村合作社的发展历程

合作社产生于西方，起源于欧文的思想，发展于罗虚代尔先锋社，但在不同国家有不同的方式。各国都明确了农业合作社的法律地位，赋予了重大的职责，都在工作中实践着合作社的普遍原则和基本价值，坚持正确的发展方向。

一、合作社的产生

合作社最早产生于欧洲工业革命时期的英国。18世纪末19世纪初的英国，工业革命蓬勃兴起，机器生产代替了手工生产，生产力得到了大幅度的提高，工业生产迅速发展。随着资本主义生产方式的改变，资本家对广大劳动群众的剥削和压迫日益加重，弱势群体大量产生，劳动群众与资产阶级之间的矛盾日益加深。同时，贫苦的劳动群众还要受到私营商人的盘剥,他们随意抬高物价,销售假冒伪劣产品。在这种情况下,手工业者为了同大机器生产竞争,农民为了对付商人的贱买贵卖,雇佣工人为减少资本家的剥削,保证自己的生活,不得不用组织合作社的方法建立自己的经济组织,以捍卫自己的利益。合作社就是在欧洲工业革命时期机器的轰鸣声中应运而生的。最早有记录的是英格兰的沃尔维奇和查特姆造船厂工人,于 1760 年创办的合作磨坊和合作面包坊。19世纪 20 年代,英国掀起轰轰烈烈的工人运动,各种合作思想流派随之出现并相继形成,合作社运动也蓬勃兴起。

世界上公认的第一个比较成功的合作社,是 1844 年诞生于英国的罗虚代尔公平先锋社,是由该镇 28 名纺织厂工人共同发起成立的消费合作社,是第一个提出合作社的组建原则并付诸实施的合作社。这些原则是:

1. 成员资格开放和入社自愿;

2. 一人一票和民主管理;

3. 资本报酬有限;

4. 盈余按交易额分配;

5. 保证货物的质量和分量;

6. 按市价进行交易;

7. 只接受现金;

8. 保证政治和宗教中立;

9. 重视社员教育。

这就是著名的"罗虚代尔原则",他们制定的合作原则和合作精神广泛流传于后世,至今仍然是国际合作社联盟(ICA)共同遵守的思想基础,对世界合作社运动起到了巨大的促进作用。

二、国际农村合作社的主要模式

由于各个国家和地区经济发展水平与农业发展水平的差异性,使得不同国家和地区的农业合作社发展模式有着显著的不同。大体分为以下三种模式：

（一）欧洲模式

以德国、荷兰、法国为代表。这些国家的农业合作社以专业合作社为主，其特点是专业性强，大多是根据某一产品或某一项农业功能或任务成立一种合作社，前者如牛奶合作社、小麦合作社，后者如收割合作社、销售合作社等。合作社一般规模比较大，本身就是经济实体。为了形成规模优势，已涉及农业产、供、销、信贷保险和社会服务等各个环节，不仅大多数农户和农业企业进入了不同类型的合作社，许多城镇居民也加入了合作社形成了比较完整的合作社体系。如法国农业合作经济包括农业互助组织、农业合作社和信贷合作社三个方面。

与此同时，由于欧洲的合作社除了由农户提交股金，有的还吸收一部分政府的财政补贴，因此，合作社与政府的关系比较密切，农业合作社成为连接农民与市场和政府的纽带、中间组织，政府对农业合作经济组织的多方面的政策扶持，有力地推动了农业合作经济组织的不断创新与发展。

（二）日韩模式

以日本、韩国、以色列、泰国、印度和我国台湾为代表，以综合性合作社为主。日本的合作社称为"日本农业协同组合"，简称"农协"，是一个全国性的合作社组织。综合性合作社的功能涵盖生产、销售等多种业务。日本的农村供销基本上是由农协控制的。农协有比较完善的流通体系，农协供给农民的生产资料占农户总购销量的74%左右，有的品种更多一些。农户通过农协销售的农产品达到了农民年销售量的90%以上。日韩模式之所以以综合模式为主，主要原因在于日本、韩国的农业规模小，这些合作社实质上是半官半民的组织，它们基本都是在政策的支持下建立起来的，与政府的关系非常密切，协助政府推行农村基本经济政策，就成了农协的责任和义务。比如日本政府限制大米的生产，鼓励水田旱作的计划,就是由农协最终落实到每个农户的;同时,政府对农业生产的保护措施,如价格补贴也是通过农协进行的;先进农业生产技术的推广普及、低息贷款发放,都是通过农协的工作完成的。因此,日本的农协具有二重性,一方面它是政府推行农业政策的工具,另一方面也是保护农民利益的组织。

(三)美加模式

是一种跨区域协作模式,具体是指美国、加拿大、巴西的大农场、大农业基础上的跨区域合作社模式。这类合作社的主要特点是跨区域联合与协作,以共同销售为主,生产性的合作社非常少,一般一个专业合作社只经营一种产品,但体现了对该产品的深度开发。这种开发不仅包括销售,而且包括运输、储藏,尤其是在进行初次加工和深加工,最终形成自己的品牌方面,充分体现了大农业的产业化、现代化的特点。如在美国的农业合作社中,销售合作社的历史最长、数量多、规模大。在美国4006个农业合作社中,有2074个合作社从事农产品的销售,占51.8%。

美国政府对农业合作社一般只是在法律和政策上给予一定的优惠,并不进行多少干预。美国农业合作社的资金主要来源于农场主入股,以及政府的部分经济开发拨款。20世纪90年代以后,美国出现了新一代合作社,之所以被称为新一代合作社,主要是有两条政策使新一代合作社区别于传统合作社:交货权和社员的有限性。这种与其他合作社不同的社员和资金结构是由新一代合作社把重点放在加工上所致。在新一代合作社成立之前的可行性研究中,一定要提出合作社将要建立的加工设施的生产容量。一旦有效的容量被确定下来,社员向合作社交售产品的数量就能固定下来。为了在潜在的社员中分配交货权以及为生产设施的购建筹集资本,首先发行合作社股份。每股代表社员有向合作社交售一个单位农产品的权利。每股的售价取决于合作社期望筹集的资金总数以及根据加工设备可能消化的农产品所分成的单位数。

三、国际合作社的发展

合作社从 19 世纪兴起,经过 150 多年的发展,到 21 世纪已成为世界性的运动,合作的思想已经渗透到人们的思想领域,合作社已经全方位深入到社会生活的各个领域。

(一)19 世纪的合作社

19 世纪合作社作为独特的、合法的机构首先出现在欧洲。在艰难的 19 世纪 40 年代,合作社取得了令人瞩目的成绩,并在五个主要领域得到了发展。

1. 消费合作社

消费合作社是世界上最早的合作社。1844 年,英国的罗虚代尔公平先锋社就是世界上最早的合作社,也是第一个消费合作社。该合作社的成功,带动大不列颠建立了上百个合作社,这些合作社又进一步联合起来,在英格兰和苏格兰组织起了庞大的合作社批发体系。到 19 世纪末,合作社批发体系就已经成为英国最大和最富活力的工商企业之一。在欧洲,其他大多数工业化国家的消费者也迅速组织起了类似的合作社组织。中国最早的合作社是 1918 年创立的北京大学消费合作社。

2. 工人合作社

19 世纪 40 年代,法国劳动者组织起了一些成功的生产合作社。他们力图用工人的首创精神和责任感来替代工业革命时期典型的等级制度。在工会和工人阶级政治运动的推动下,这一做法迅速在其他工业化国家传播。

3. 信用合作社

19 世纪 40 年代,特别是 50 年代,各种不同团体的人们开始组织合作银行,最突出的是德国。合作社银行由德国迅速传到意大利和法国,又在 1900 年传到了非洲、欧洲和美洲。随着形势的发展,为满足合作社自身及其成员的需求,19 世纪的消费合作社和一些农业合作社建立起了自己的银行机构。到了 19 世纪末期,更多合作社银行依照不同的方式纷纷建立起来,并不断发展壮大。

4.农业合作社

随着工业化、城镇化进程的加快,进城务工,移民新大陆等因素导致欧洲农村人口大量外流。为了生存,留在农村的人就必须学习新的农业生产方法,了解如何管理资金,提高资金的使用效率,寻找新的经济增长方式。在 19 世纪 80 年代,特别是丹麦、德国和大不列颠的农民开始组织农业合作社,很快农业合作社就扩展到了许多国家和不同的产品上,这是个提高农业生产力、稳定农产品供应和帮助农户家庭更好地改善生产条件的有效方法。

5.服务合作社

19 世纪末期,在欧洲的许多地方出现了服务合作社,如住房合作社、保健合作社等。

(二)20 世纪的合作社

20 世纪的合作社运动已经呈现出蓬勃发展之势。合作社在世界范围内都得到了迅速发展。一些移民地区,特别是在北美、南美以及澳大利亚和部分非洲地区的移民把合作社作为相互帮助的有效手段,并最大限度地影响国际市场。20 世纪,其他许多国家在进行工业化和全面进入国际市场的过程中,也充分利用了合作社组织。如日本,合作社积极参与了战后经济的恢复,它们重点是重组农业、渔业和消费合作社;在亚洲其他国家也是如此,如韩国、印度尼西亚,金融合作社、农业合作社和工人合作社都得到了实质性的发展。同样,在拉丁美洲,自 19 世纪出现合作社以来,一直稳定发展,利用自发合作本身的原则和特点,按照尽可能有效地销售农业和渔业产品的意愿建立起来。到 20 世纪末,拉丁美洲的大部分地区都建立起了合作社,且大多数国家的农业合作社都有较强的实力。

（三）21 世纪的合作社

21 世纪的合作社作为市场经济的产物,随着经济和社会的发展而不断壮大,成为世界性的运动。当今世界,合作社发展已经从农业到工业,从生产到消费,从住房、医疗、托幼到信贷、保险等,全方位地深入到人们生活的各个领域。据联合国 1994 年有关统计数据显示,全球有近 30 亿人的生计要依靠合作社,约占全世界总人口的一半。据国际合作社联盟统计,目前全世界共有 8 亿多人参与到了合作社运动之中,加入国际合作社联盟的成员有 220 个国家、地区和国际组织及合作社民间团体组织。

农业合作社是各类合作社中发展最快、普及最广的,已占全球各类合作社总数的 36%。在发达国家,几乎所有的农民都参加了不同类型的农业合作社,有的农户同时参加几个专业合作社。丹麦 98% 的农民都是农业合作社社员,每个农户平均参加 3.6 个合作社。法国、荷兰 90% 以上的农民加入了农业合作社。法国 80 万农户中,有 130 万农业合作社社员。西班牙各类合作社中,50% 左右是农业合作社,其中,在以生产柑橘为主的瓦伦西亚大区的 650 个各类合作社中,90% 是农业合作社,该大区 95% 的农民分别加入了各类农业合作社。美国每个农户平均参加 2.6 个合作社。新西兰、澳大利亚、日本、韩国参加农业合作社的农民也达到 90% 以上。在发展中国家,如南美的巴西、智利 80% 左右的农户都是合作社社员;印度、孟加拉、泰国等亚洲国家,入社农民占 30%~60%。在非洲一些国家,如肯尼亚、坦桑尼亚、毛里求斯、乌干达等,入社农民亦达 10%~30%。

与此同时,农业合作社的市场占有份额越来越大。美国 1/3 的农产品、法国 2/3 的谷物和猪肉、荷兰 90% 的牛奶、丹麦 90% 左右的猪肉和牛奶都是通过合作社销售的。印度通过牛奶合作社在全国范围建立了牛奶的收购和分配系统。瑞士、新加坡等国的消费合作社都已发展成为遍布全国的合作社连锁超级市场。现在无论是在何种体制下,不管是在哪个领域,也不管其身份如何,世界上几乎所有国家的人都享受到了合作社的益处。

四、国际合作社发展的特点

(一)合作社趋向国际化、规模化

在市场经济竞争日益激烈的形势下,合作社通过兼并、组合使规模不断扩大,结成联合社,呈现出国际化、规模化的发展趋势。合作社不断走出国门,参与国际贸易,有扩大的趋势。美国有 14 家农业合作社进入了全美 500 强公司,农场主所形成的农业合作社减半;日本农协 1997 年通过决议,基层农协合并,农协数量大规模减少,中间环节也减少,由"基层—县—中央"的三层机构变为"基层—中央"的两层机构。

(二)向投资企业转型

合作社成员不断增加,向投资者转变,合作社企业转型,以应对日趋激烈的市场竞争。合作社从罗虚代尔的传统合作社发展到投资导向的合作社,扩张到投资者的联合,有企业家参与进来。比如近些年日本农协融入了企业化经营机制,一些企业家参与农协的管理。

(三)引入股份制,形成股份合作社

为适应市场竞争的压力,传统的以自我服务为主的合作社正在向开发型的经营服务转变,逐渐走向企业化、股份化。在公平的合作制基础上,融入了有效率的股份制,发挥合作和股份的双层作用。合作社在发展过程中吸收了股份公司的部分优点,将合作制和股份制结合起来。

第二节 中国农村合作社的发展历程

中国农村合作社的发展有百年历史,而且在不同时代有各自的意识形态和政治形态。本节分别从中华人民共和国成立前、新中国成立后至改革开放前、改革开放后至 20 世纪末以及 21 世纪以来中国农村合作社的发展历程进行阐述。

一、新中国成立前

(一)民国政府背景下的合作社

合作思想自 20 世纪初传入中国,就受到推崇和应用,被用来改变中国之危亡命运,通过中国各行各业的广泛合作来实现国家的强大、人民的富强。这种合作制度适合于经济发展之初始。近代中国遭列强侵略,国家衰弱,民族需要自强,民众需要觉醒,西学东渐,合作主义便在此时传了过来。相关内容在当时各大报刊上都有刊登,"五四"时期更为活跃,更有一批人和一批图书出现,推行合作运动及其思想,如合作组织之日本模式主张者戴季陶、德国模式主张者薛仙舟、法国模式主张者楼桐孙。薛仙舟大力推行合作社,他被称为"中国合作社之父"。他把孙中山的三民主义之民生与合作主义高度融合,并以合作主义之合作运动为三民主义的实现方式,以此实现中国的发展强大。

孙中山早年旅行欧美时发现,消费者结合在一起可以抗衡商人的压榨。社会产品分配包括商人分配、社会团体分配和政府分配,所谓社会团体便是消费合作社。消费合作社仅仅是一个方面,孙中山后来在《国民政府建国大纲》中论及建国的军政、训政、宪政三个时期,其中训政时期需建立自治机关,广泛建立合作社,包括农业、工业、交易、银行、保险五种合作社。这里的交易合作社便包含消费合作社。后来从旧三民主义发展到新三民主义,孙中山以工农联合作为革命斗争的一种形式,广泛组织合作社,成立工人协会和农民协会,开展工运、农运。

民国时期,孙中山倡导三民主义。民族、民权、民生,而民生主义之实现则依靠建立合作社,当时的合作社是三民主义之民生主张需要,即"平均地权,节制资本"。民国政府当年的提倡,得到了社会上广泛支持与参与。当时合作社的成立遍布于多个部门,民众建立消费、生产、住宅合作社,开展合作运动。如当时的北京大学的教职员工及学生所组成的北京大学消费公社,复旦大学的员工及热心的上海市民所组成的上海国民合作储蓄银行,以及由武昌书报成员所组成的武昌时中合作书报社,以陈果夫为首的薛仙舟弟子们在上海成立了中国合作学社。

20世纪初国民政府主导的合作事业,并不尽如人意,发展过程中存在许多问题。合作运动政府所拨资金被层层截流,合作社所得所剩无几。且合作社与乡镇行政机关合为一体,易为乡镇长所操纵,使合作组织成一人组织,农民难以参与;合作之发展迅速,量多质轻,无业务开展;政府之帮助使合作社形成依赖心,无心进取;消费合作社为资本家推销货物,信用合作社为金融资本家筹集资金,故此合作社是资本主义的尾巴,对国计民生影响不大。民国时期的合作社研究是基于实践的基础上,全社会动员。民国时期合作社的失败经验为现今留下宝贵财富。

（二）中国共产党领导下的合作社

共产党所领导的合作社可以追溯到苏区的合作社。1927年3月,毛泽东发表了《湖南农民运动考察报告》,把合作社作为农民运动中的重大事件。1927年,中共召开五大,通过了《土地问题决议草案》,提出建立农民的消费、生产、信用合作社;1927年6月,中共中央农民部颁布了《关于协作社之决议草案》,明确阐明合作社原则,这是合作社的纲领性文件;1933年中华苏维埃共和国临时中央政府在江西瑞金成立全国合作总社,刘少奇担任主席,并于不久颁布了《劳动互助社组织纲要》和《关于组织犁牛合作社的训令》。苏区的合作社对发展苏区经济,实现革命物质供给起到很大的作用。农民所开展的合作运动可以和工人运动、农民运动结合起来，使合作运动为工农运动、革命战争服务。毛泽东甚至把建立在农村生产资料私有制基础上的农业互助合作看作农村生产关系的第二次革命。

苏区政府的合作社，则是依靠合作社来提供苏区紧缺物资，统购统销，严格控制，是经济部门。与此相关的农民协会则是政权机关，是党发动群众，进行武装革命的手段。合作社能"把公社劳动力组织起来，带动了群众生产的积极性，提高了劳动效率，大大发展了生产"。毛泽东的合作思想逻辑，便是发挥集体作用，团结起来，农村合作社也如部队机关建制一样，党对组织进行管理比对个人直接管理更容易，部队、机关、学校的生产也带着合作社的性质。这种思想延续到新中国成立后，新民主主义革命的结束，社会主义革命的开始，农村的小农经济需要改造，从互助组初级社到高级社，发展了人民公社，逐渐实现生产资料的社会公有，以此推动社会主义的实现。这种合作社不限制于农业，手工业、工商业，都进行了合作。大家在这种社会群体压力下没有选择的自由，统统加入了合作社，合作社与意识形态和思想观念结合在一起，融入了经济、社会、政治成分，具有综合性。国家借助这种合作社团体实现对个人的控制，个人发展受制于合作社，在这种形态下，以一种单渠道管理，实现政治、经济、社会的治理，成员思想"统一"，社会风气好，治安好。

这种合作社的方式，能够实现国家对基层的管理，能迅速集中精力，调动人力，改变刚刚解放的"一穷二白"的局面。国家通过合作社的统一来进行思想动员，精神指示，使党的路线方针得以贯彻。合作社在当时能发挥很好的作用，但合作社内部有"磨洋工""出工不出力"，使得生产效率不高。合作社能够实现国家对全社会的控制，但是没有把解放当初农户分田到户的具有无比的干劲突显出来。

二、新中国成立后至改革开放前

从新中国成立到1955年上半年，合作社经济相对稳定发展。但从

1955年下半年开始,慢慢进入"大跃进"。"文革"十年,合作社发展受政治运动冲击发展缓慢,对于其他的合作形式,从1948年到1957年,刘少奇指导全国合作总社工作,总社领导的有农村供销合作社、城市消费合作社、手工业生产合作社、信用合作社、润业合作社、运物合作社等,但其中主要是农村供销合作社。以农业上的合作社来看,可以分为以下阶段:

(一)互助组

在农村土地改革完成之后,广大农民拥有土地,生产资料和劳动实现了直接结合,个体的家庭经济成了主要的经济形式。但这种小农生产方式不能满足迅速实现工业化战略的要求,小农经济的发展必然出现两极分化,与社会主义共同富裕目标相违背,且小农经济的分散经营与社会化大生产不能接轨,生产资料与劳动者脱节,出现生产资料与劳动者同时空置的情况。为改变这种情况,就需要对这种小农经济实行社会主义改造。1952年,中央起草了《关于农业生产互助合作的决议》,开始组织以农户个体经济为基础的农业生产互助组。互助组有四个或五个农户组成,以自愿互利为原则结成劳动、农具和耕畜等生产资料要素互助关系,但不改变土地及生产资料的私有性质,生产决策由农户独立做出。这对提高农民的生产积极性有一定的激励作用,互助组在形式上有季节性和常年性两种。

(二)初级社

1953年末,中央发出《关于发展农业生产合作社的决议》,提出农业生产合作社"日益显出重要地位,日益变成我们领导互助合作运动继续前进的重要环节"。很快互助组就被初级农业生产合作社取代。初级社建立在私有基础之上,土地仍归成员所有,只是作价入股,统一经营,耕畜和大中农具也是成员私有,合作社有偿使用。成员参加初级社劳动,初级社将总收入扣除生产费用、税金、公积金和公益金之后,剩余以劳动报酬和土地等生产资料报酬的形式分给成员。初级社在互助组基础上进一步实行了统一经营。

（三）高级社

1956 年初，在初级社完成之后，全国开展了一场成立高级社的热潮。高级社以公有、集中统一经营为特征，成员除自留地（占 5％的土地份额）有使用权之外，其他土地为集体无偿使用，农户的耕畜和大中型农具由合作社按一定价格购买，归集体所有，由高级社统一经营。农民以成员身份统一参加劳动，劳动成为成员收入的基本依靠。在推行发展高级社的过程中，发生了一些抵触活动和退社风波，农业生产和农民生活受到严重影响。在政府强制推进的情况下，失去了自愿原则，成员没有了退社自由。

（四）人民公社

1958 年政府开始组建人民公社，以此进步推进工业化的发展战略，为重工业发展提供资金，政府希望进一步提高农民的组织化程度。人民公社是社会主义经济在农村中的基层单位，也是政权的基层组织，实现"政社合一"，人民公社废除了私有财产，公社成了农村全部财产的主人。人民公社的经营与统购、统销政策配套，政府直接介入农业经济活动，各级管理者由政府行政任命，劳动力集中统一安排，在分配制度上，按照出勤次数以公分制分配。人民公社制度导致了效率低下，农业增长缓慢，期间还有较大的波动。

从中我们可以看出，新中国成立之后，构建所发展的合作社体系，是为了能在一穷二白的基础上振兴国家经济，增强政府管理经济的能力。新中国成立初期通过三大改造来实现社会主义经济的转型，国家通过发展合作社来实现对经济的控制。

合作社的发展从互助组开始，有条件的地方直接发展合作社。合作社发展的初期比较重视农民个体的自愿性，到后来政社统一的人民公社，群众没有不合作的选择，便脱离了自由人合作的本意。从互助组、初级社到高级社，直至归口于人民公社，国家权利与民间需求融合起来，建立了一个公民与政府参与的国家合作体系。社会主义改造之后的"一大二公,政社合一"的人民公社的建立,实现"组织军事化,行动战斗化,生活集体化",有些复制了斯大林模式,农民的自愿性得不到尊重。但 20世纪 50 年代的合作确实有很大的积极作用。

三、改革开放后至 20 世纪末

在 20 世纪 80 年代小岗村"大包干"之后,中国掀起农村集体经济的改革,在此之前各地虽然进行了包产到户的试验,但没有形成全国范围的制度,经过新中国成立后 30 年的实践,家庭联产承包责任制体系之间逐渐形成。家庭联产承包责任制是当今农村经济的基础,是对生产关系体制的突破,解放了生产力,是马克思主义中国化的应用。农民只有在独立经营的情况下,才能逐渐实现农业产业化的发展,合作社也是产业化所利用的组织之一。

股份合作制是与乡镇企业的发展联系起来的。乡村集体企业于 20世纪 80 年代中期实行了股份合作制的改造,在 90 年代又有了进一步发展,1993 年才全面推开。股份合作制的实施是为了改变乡村集体企业在实行承包制中出现的种种问题,如政企不分、集体企业难以代表资产所有者农民群众的利益,经营责任难以落实,"人人所有,人人又没有""人人负责,人人又不负责"。当时由于农村股份合作制企业的内涵与外延比较宽泛,一些合伙企业被算作了股份合作制企业。

党的政策也一直在强调发展合作经济。党的十五大报告明确提出"目前城乡大量出现的多种多样的股份合作制经济是改革中的新兴事物,要支持和引导,不断总结经验,使之逐步完善。劳动者的劳动联合和劳动者的资本联合为主要的集体经济,尤其要提倡和鼓励"。党的十七大又提出"探索集体经济有效实现形式,发展农民专业合作组织,支持农业产业化经营和龙头企业发展"。乡村集体企业的改制又掀起新一轮的热潮,股份合作制改制与租赁、拍卖、兼并等其他制度变迁形式紧密联系,有些集体企业改制时是"先租后股"或"先售后股"。近年来,推行股份合作制,通过组建企业集团、企业兼并、租赁、拍卖等形式进行着乡镇企业产权制度改革。

但股份合作制并没有顺利进行,以昌坚东(2009)的观点,当时有些股份合作制企业的经营者没有在股份合作制总结、完善、提高上下功夫,而是以"股权分散、不好决策"是新的"大锅饭"为由,收购了职工股份,或解体了股份合作制企业,使许多股份合作制企业变成了少数人甚至个人所有的企业。股份合作制往往被赋予一种理想,是中国历史变迁的产物,它呈现一种混合经济形态,兼具集体所有制、合作制和股份制的三重特性。20世纪八九十年代的股份合作制企业的发展曾是政府推动,政府也提倡股份合作制企业的发展,股份合作制既具有合作制的公平也有股份制的效率,它看起来是非常完美的,当时股份合作前企业发展基础模式不同,有些是新建的,有些是企业(合伙企业,个体、企业)改造过来的,有些是社区集体经济改造的,后者是与当今的农民专业合作社分不开的。

股份合作制企业往往也与政治意识形态结合在一起。股份合作制曾被专家论述为公有制形态之一,是社会主义经济所具有的形态。在这种光环下,一些名义上的股份合作制能被保护,股份合作制曾被当作"红帽子"来戴,民营企业不被保护时,股份合作制是最好的保护自己的手段。当年出台了关于股份合作制的一些法律条例,在农业上的股份合作制方面有了《农民专业合作社法》,因此农民专业合作社是股份合作制的延伸。目前对于股份合作制的争执不仅仅没有停止,而且还要深化改革下去,继续发展真实的股份合作制企业,这种股份合作制企业更表现为一种中小企业的联合,未来的企业是普遍合作的,是一种合作制组织。

由于法律滞后于合作社的发展,农民合作组织在20世纪八九十年代蓬勃发展,合作社的形态很为混乱。党的政策支持各种各样的经济形式发展,在八九十年代大力支持股份合作制这种经济形式,但股份合作制如昙花一现,短短一段时间后都朝股份制公司发展。政府部门也出台了许多支持政策,全国人大于 2006 年颁布了《农民专业合作社法》,政府开始规范支持专业合作社的发展。《农民专业合作社法》更多强调资本的联合,比较经典合作社的原则,农民专业合作社是当前中国特色社会主义的合作社。《农民专业合作社法》对于农民所需要的广泛合作不能满足,因此许多组织改头换面都以农民专业合作社的形式来注册自己,尽管法律所规定的股权比例、业务类型都与自己实际开设的形式有较多的差别。

四、21 世纪以来

进入 21 世纪,伴随着中国加入世界贸易组织(WTO),农业发展进入新阶段,农户面临着前所未有的国内、国际两个市场的竞争压力,农民收入增长缓慢成为"三农"问题的重中之重。为了改善农户的市场竞争环境,增加农民收入,中央采取"多予、少取、放活"的方针,加大对"三农"投入力度,积极支持农民联合起来、发展各类专业合作经济组织。2003 年 7 月 1 日起实施的《中华人民共和国农业法》明确提出国家鼓励农民自愿组成各类专业合作经济组织;国家鼓励和支持农民专业合作经济参与农业产业化经营、农产品流通和加工以及农业技术推广等。2007 年 7 月 1 日,《农民专业合作社法》正式实施。该法不仅明确了农民专业合作社的市场主体地位,而且将国家对于农民专业合作社的扶持政策法律化。

从此,农民专业合作社的发展进入改革开放以来最活跃的时期。据国家工商总局的统计,截至 2013 年 7 月,全国依法登记并领取法人营业执照的农民专业合作社 85.64 万户,出资总额 1.73 万亿元。农民专业合作社的发展通常在农业产业化、农产品市场化程度相对较高的地区,以当地农产品生产的主导产业或特色产业为依托而建立,在提升农户市场竞争力、增加农民收入中的作用不断提高,在促进农业生产的标准化、品牌化、专业化和发展现代农业中崭露头角。但是,农民专业合作社的发展总体上仍处在起步阶段，主要表现在整体经营实力弱、经营规模小、承担风险能力差、覆盖农户的比例低，并且组织内部运行不规范、普通农民成员的参与度低。因此，要实现中共十七届三中全会提出的使农民专业合作社成为引领农民参与国内外市场竞争的现代农业经营组织，任重而道远。这将是在今后较长时期内不懈奋斗的目标和方向。

第三节　中国农村合作社相关政策的变化发展及最新部署

新中国成立 70 余年来，农村合作社随着情境变迁也出现了相适应的政策支持。本节将分别从新中国成立至改革开放时期、改革开放至《农民专业合作社法》实施前、《农民专业合作社法》实施至今三个时期阐述中国农村合作社相关政策的变化。

一、新中国成立至改革开放时期

建国初期，分散化的小农经营使农业生产效率极为低下。为发展生产力、提高农业生产效率，全国各地先后开展农业合作化运动，出现了大量各种类型的互助组和合作社组织，联合小农户发展生产。1951－1953年，供销合作社和信用合作社迅速发展，并在农村基本形成了一定规模，为国民经济的快速恢复发挥了重要作用。然而，在从初级社向高级社的过渡时期，农业合作化道路逐渐演变为农业集体化运动。随着农产品和农业生产资料统购统销体制的建立，农村供销合作社和信用合作社成为政府调控资源配置的政策性工具，以服务于优先发展重工业的国家战略，最终人民公社体制的确立标志着农业合作化进程的终结。

表 3-1　新中国成立至改革开放合作社的相关政策

时间	政策演进
1950	全国合作社工作者第一次代表会议确立了农民在合作社中的"主人翁"地位。
1951	中央批准以集镇或更大的村庄建立供销合作社或供销分社。
1953	中央提出过渡时期总路线,拉开了社会主义改造的序幕。
1958	颁布《中共中央关于在农村建立人民公社问题的决议》。

二、改革开放至《农民专业合作社法》实施前

建国以来,我国建立的高度集中的计划经济体制,不仅造成了我国农业农村发展缓慢,而且使国民经济走向崩溃边缘。以安徽小岗村为开端,1978 年党的十一届三中全会提出"走出一条适合我国国情的农业现代化道路",拉开了我国农村改革的序幕,全国逐渐从包产到户过渡到包干到户、家庭联产承包责任制,人民公社体制从此退出历史舞台。1982年关于"三农"问题的第一个"中央一号文件"颁布,恢复了农村供销合作社的商业服务功能。随着改革的不断深入,各种以市场服务为宗旨的农业合作经济组织逐渐建立并发展起来。

表 3-2　改革开放至《农民专业合作社法》实施前合作社的相关政策

时间	政策演进
1982	"中央一号文件"指出农村供销合作社是城乡经济交流的一条主要渠道,同时也是促进农村经济联合的纽带。
1983	"中央一号文件"提出基层供销合作社应恢复合作商业性质,并扩大经营范围和服务领域。
1986	"中央一号文件"指出地区性合作经济组织,应当进一步完善统一经营与分散经营相结合的双层经营体制;要将供销合作社转变为农民群众自发合作且具有商业性质的合作社。
1992	在社会主义市场经济条件下,应减少政府对合作社的干预,促进合作社走向市场,推动农业市场化。
1993	中央提出农业产业化政策,各种形式的农业专业合作社逐渐增多。

三、《农民专业合作社法》实施至今

2007年《中华人民共和国农民专业合作社法》的正式颁布和实施,开启了政府通过法律手段监管农民专业合作社的新篇章。合作社法对合作社的出资方式、社员的责任和义务等内容进行了规定,国家对农民专业合作社的管理更加规范,农民专业合作社得到快速发展。随着农村改革不断深入,农村合作社从农业专业合作组织逐渐演变为新型农业经营主体和新型农业服务主体,合作社功能更加综合,在实施乡村振兴战略中发挥了重要作用。

表 3-3　《农民专业合作社法》实施后合作社的有关政策

时间	政策演进
2007	"中央一号文件"提出要培育现代农业经营主体。积极发展农民专业合作组织等适应现代农业发展要求的经营主体。
2009	"中央一号文件"提出加快发展农民专业合作社,开展示范社建设行动。加强合作社人员培训,各级财政给予经费支持并减免税费。
2013	中央"一号文件"中明确了农村合作社是带动农户进入市场的基本主体,是发展农村集体经济的新型实体,是创新农村社会管理的有效载体。
2014	"中央一号文件"进一步将合作社定位于"新型农业经营主体",在继续规范合作社运行的同时,着力加强合作社的能力建设。
2016	"中央一号文件"赋予合作社"新型农业经营主体"和"新型农业服务主体"的地位。
2017	"中央一号文件"指出加强农村合作社规范化建设,积极发展生产、供销、信用"三位一体"综合合作社。
2018	"中央一号文件"提出"实施乡村振兴战略",并在7月1日起正式实施《农村合作社法》(修订版)。
2019	"中央一号文件"提出要抓好家庭农场和农村合作社两类新型农业经营主体,启动家庭农场培育计划,开展农村合作社规范提升行动,深入推进示范合作社建设。
2020	"中央一号文件"提出重点培育家庭农场、农村合作社等新型农业经营主体,培育农业产业化联合体,将小农户融入农业产业链。

第三章　农村合作社的组建及解散程序

农村合作社在运营与发展过程中必然遇到联合、合并、分立、解散、破产等组织演变过程，为促进农民专业合作社发展，规范农民专业合作社组织演变行为，维护农民专业合作社相关人员合法权益，本章将对农村合作社的组织程序以及财产清算进行阐述。

第一节　农村合作社的筹建和登记

本节对农村合作社的筹建和登记程序进行阐述，以帮助农民筹建和登记农村合作社。

一、农村合作社的筹建

（一）农村合作社设立的条件

1. 有五名以上符合以下条款的成员。

（1）具有民事行为能力的公民，以及从事与农民专业合作社业务直接有关的生产经营活动的企业、事业单位或者社会团体，能够利用农民专业合作社提供的服务，承认并遵守农民专业合作社章程，履行章程规定的入社手续的，可以成为农民专业合作社的成员。但是，具有管理公共事务职能的单位不得加入农民专业合作社。农民专业合作社应当置备成员名册，并报登记机关。

(2)农民专业合作社的成员中,农民至少应当占成员总数的百分之八十。

2.有符合本法规定的章程。

3.有符合本法规定的组织机构。

4.有符合法律、行政法规规定的名称和章程规定的住所。

5.有符合章程规定的成员出资。

(二)农村合作社设立的基本流程

1.发起筹备

(1)成立筹备委员会,制定筹备工作方案。筹委会主要由发起人和有关工作人员组成,必要时应成立专门办事机构,具体负责筹备和制定工作方案。工作方案包括为什么筹建该合作社,由谁牵头发起,会员入会条件及合作社筹备程序等。

(2)发起人拟定社名和确定住所,确立合作社发展目标和业务范围。发起人一般由5～7人组成,由发起人会商拟定合作社名称,确定合作社地址、业务区域、业务项目、经营方式,并说明发起成立的缘由,预计会员人数及筹集的资金总额等。

(3)准备发起申请书。将上述发起人讨论研究确定的内容填入合作社发起申请表,并同时准备好申请报告。申请报告内容主要包括:本社宗旨、业务范围、经营效益、内设机构和下属组织等。

2.申报批准

向主管部门申报批准。主管部门接到合作社发起人报送的组建申请书后,应认真进行审查,包括发起人是否有组织能力,该合作社业务数量是否达到组建规模,预期效益如何等。基本符合条件后,即可下达同意组建批复。

3.制定章程

(1)申请人接到主管部门准予组建的批复公文后,应即时召开筹备委员会,按照相关要求吸纳足够的筹备委员会会员,参照农民专业合作社示范章程拟定本组织章程及业务计划草案,并及时推荐理事会、监事会候选人名单,依托有关部门和社会力量创建合作社,吸纳足够数量的农民成员参加理事会和监事会。

(2)农村合作社章程应当载明下列事项:

名称和住所;业务范围;成员资格及入社、退社和除名;成员的权利和义务;组织机构及其产生办法、职权、任期、议事规则;成员的出资方式、出资额;财务管理和盈余分配、亏损处理;章程修改程序;解散事由和清算办法;公告事项及发布方式;需要规定的其他事项。

4. 召开成立大会

在上述各项筹备工作任务完成后,即可呈请当地合作社主管部门派人出席指导,并于合作社成立 7 日前,通知会员参加大会,如会员较多,则可按规定要求选派会员代表出席成立大会。成立大会一般包括如下议程:

(1)主持人宣布本合作社加入成员名单、人数、代表人数,全体到齐后,即宣布成立大会开始。

(2)筹委会负责人作合作社筹备工作报告。

(3)主管机关负责人宣布本合作社成立的批复。

(4)宣读章程草案,并经讨论后表决通过。

(5)公布理事会、监事会候选人名单,并进行选举。

(6)理事会、监事会分别召开第一次会议,推选常务理事、理事长和监事长。

(7)宣布常务理事、理事长、监事长等人选名单。

(8)理事长、监事长讲话。

(9)党政领导和有关社会各界代表讲话。

(10)宣布成立大会结束。

二、农村合作社的登记

农民专业合作社的登记,就是通过在工商部门登记,获得法人资格。登记,也可以通俗地理解为"上户口"。

《农民专业合作社法》规定,农民专业合作社依照本法登记,取得法人资格。未经依法登记,不得以农民专业合作社名义从事经营活动。取得法人地位不仅是农民专业合作社对外开展经营活动的前提,也是其合法权益得以保护的基础。农民专业合作社按照《农民专业合作社法》规定注册登记并取得法人资格后,即获得了法律认可的独立的民商事主体地位,从而具备法人的权利能力和行为能力,可以在日常运营中,依法以自己的名义登记财产(如申请自己的名号、商标或者专利)、从事经济活动(与其他市场主体订立合同)、参加诉讼和仲裁活动,并且可以依法享受国家对合作社的财政、金融、税收等方面的扶持政策。

农村合作社登记流程主要包含以下几个方面:

(一)申领合作社法人营业执照

办理部门:工商行政管理局。

依据:《合作社登记管理条例》。

提交材料:设立登记申请书;全体设立人(最少5个人,80%是农业户口)签名、盖章的设立大会纪要;全体设立人签名、盖章的章程;法定代表人、理事的任职文件和身份证明;全体出资成员签名、盖章予以确认的出资清单;法定代表人签署的成员名册和成员身份证明复印件住所使用证明;住所使用证明;指定代表或者委托代理人的证明;合作社名称预先核准申请书;业务范围涉及前置许可的文件。

(二)办理合作社公章

办理部门:公安局。

依据:《公安部印章管理法》。

提交材料:合作社法人营业执照复印件;法人代表身份证复印件;经

办人身份证复印件。

（三）申领组织机构统一代码

办理部门：质量技术监督局。

依据：《组织机构代码管理办法》。

提交材料：合作社法人营业执照副本原件、复印件各一份；合作社法人代表及经办人身份证原件及复印件一份；如受他人委托代办，须持有委托单位出具的代办委托书面证明。

（四）申领税务登记证

办理部门：国家、地方税务局。

依据：《税务登记管理办法》。

提交材料：法人营业执照副本及复印件；组织机构统一代码证书副本及复印件；法定代表人（负责人）居民身份证或者其他证明身份的合法证件复印件；经营场所房屋产权证书复印件；成立章程或协议书复印件。

（五）办理银行开户和账号

办理部门：任意一家商业银行、农村信用社。

依据：《银行账户管理办法》。

提交材料：法人营业执照复印件；组织机构代码证书复印件；农民专业合作社法定代表人的身份证复印件；税务登记证正、副本复印件。

第二节　农村合作社的合并与分立

农民专业合作社的发展必然遇到合并、分立等组织演变过程，为了促进农民专业合作社发展，规范农民专业合作社组织演变行为，维护农民专业合作社及其成员和债权人的合法权益，本节对农民专业合作社的合并与分立进行阐述。

一、农村合作社的合并

(一)合作社合并的概念

农民专业合作社合并,是指两个或者两个以上的农民专业合作社通过订立合并协议,合并为一个农民专业合作社的法律行为。一般是为了某种共同的经营目的,如扩大生产经营规模,更好地为成员服务,开发服务项目等,合并组成一个社的情形。合并主要有两种形式:一种是吸收合并,指一个合作社接纳一个或一个以上的其他合作社加入本合作社,接纳方继续存在,加入方解散并取消原法人资格;另一种是新社合并,指合作社与一个或一个以上合作社合并设立一个新的合作社,原合并各方解散,取消原法人资格。合作社合并时,合并各方的债权、债务应当由合并后存续或者新设的合作社承继。

(二)合并的基本程序

1. 做出合并决议。依据《农民专业合作社法》的规定,合作社合并决议由合作社成员大会做。农民专业合作社召开关于合作社合并的成员大会,出席人数应当达到成员总数三分之二以上。成员大会形成合并的决议,应当由本社三分之二以上成员表决同意才能通过,章程对表决权数有较高规定的,从其规定。成员大会或者成员代表大会还要授权合作社的法定代表人签订合并协议。合并协议一般应有如下内容:①合并各方的名称、住所;②合并后存续合作社或新设合作社的名称、住所;③合并各方的债权、债务处理办法;④合并各方的资产状况及其处理办法;⑤存续或新设合作社因合并而新增的股金总额;⑥合并各方认为需要说明的其他事项。

2. 通知债权人。合作社应当自做出合并决议之日起 10 日内通知债权人,做好债务清算工作。

3. 签订合并协议。合作社合并协议是两个或者两个以上的合作社,就有关合并的事项达成一致意见的书面表示形式,各方农民专业合作社签名、盖章后,就产生法律效力。

4.对合并业务进行账务处理。加入方应对本合作社的流动资产、固定资产、对外投资、农业资产、无形资产以及其他资产进行全面清查登记,同时对各项债权债务进行全面核对查实。合作社资产、负债全部清点核查完毕后,应当编制财产清单、债权清单和债务清单。财产清查完毕时,应向农村经营管理部门移交资产负债清册,并编制资产负债表。接纳方合作社在合并时,应编制合并日的资产负债表,报农村经营管理部门备案。

5.合并登记。因合并而存续的合作社,保留法人资格,但应当办理变更登记;因合并而被吸收的合作社,应当办理注销登记,法人资格随之消灭;因合并而新设立的合作社,应当办理设立登记,取得法人资格。

二、农村合作社的分立

(一)合作社分立的概念

农民专业合作社分立,是指一个农民专业合作社依法分成两个或者两个以上的农民专业合作社的法律行为。

农民专业合作社分立的方式,有新设分立和派生分立两种。合作社的新设分立,是指将一个合作社依法分割成两个或者两个以上新的合作社。按照这种方式分立合作社,原合作社应当依法办理注销登记,其法人资格消灭;分立后新设的合作社应当依法办理设立登记,取得法人资格。

合作社的派生分立,是指原合作社保留,但对其财产做相应分割,另外成立一个新的合作社。原有合作社应当依法办理财产变更登记,派生的新合作社应当依法办理设立登记。

(二)分立的基本程序

1.拟定分立方案。分立方案涉及的内容包括分立形式、分立后原合作社的地位、分立后章程、管理人员及固定员工安排方案、分立协议各方对拟分立合作社财产的分割方案、分立协议各方对拟分立合作社债权债务的承继方案等。

2. 成员大会依据《农民专业合作社法》的规定做分立决议,通过分立方案。

3. 签订分立协议。协议内容实质上是对分立方案的具体化。分立协议中应当对原合作社资产的分割、分立后各方合作社对原合作社债权债务的承继、分立后各方合作社经营范围的划分及其他相关问题做出明确约定。

4. 通知债权人。

5. 对分立业务进行账务处理、财产清查,编制相关会计报表。

6. 办理分立合作社登记手续。

7. 档案保管。存续分立的合作社,分立前的档案由存续的合作社继续保管。

第三节　农村合作社的解散与清算

本节阐述农村合作社的解散与清算程序,包括农村合作社解散时的清算和农村合作社破产时的清算。

一、农村合作社的解散

农民专业合作社解散是指因法律规定的事由而停止业务活动,最终使法人资格消失的法律行为。

依据《农民专业合作社法》的规定,合作社应当解散的事由主要有:一是章程规定的解散事由出现。合作社的设立大会在制定合作社章程时,可以预先约定合作社的各种解散事由。如果在合作社经营中,规定的解散事由出现,成员大会或者成员代表大会可以决议解散合作社。二是成员大会决议解散。成员大会有权对合作社的解散事项做出决议,但需要本社成员三分之二以上同意才能通过。三是因合并或者分立需要解散。四是被依法吊销营业执照或者被撤销。当上述事由出现时,合作社就应解散。

农民专业合作社解散分为自行解散和强制解散两种情况。自行解散,也称为自愿解散,是指依合作社章程或成员大会决议而解散。强制解散是指因政府有关机关的决定或法院判决而发生的解散。

依据《农民专业合作社法》的规定,农民专业合作社因本法第41条第1款的原因解散,人民法院受理破产申请时,不能办理成员退社手续。这是因为成员退社时需要按照章程规定的方式和期限,退还记载在该成员账户内的出资额和公积金份额,如果在农民专业合作社解散和破产时,为退社成员办理退社手续、分配财产,将影响清算的进行,并严重损害合作社其他成员和债权人的利益。因此,在农民专业合作社解散和破产时,不能办理成员退社手续。

农民专业合作社解散时,应当依法妥善处置好合作社的财产和债权债务问题。农民专业合作社一经解散,就不能再以合作社的名义从事经营活动,并应当进行清算。合作社清算完毕,其法人资格消灭。

二、农村合作社解散时的财产清算

(一)农民专业合作社解散时的清算

农民专业合作社解散时的清算,是指合作社解散后,依照法定程序清理合作社债权债务,处理合作社剩余财产的法律行为。清算的目的是保护合作社成员和债权人的利益。

除合作社合并、分立两种情形外,合作社解散时都应当依法进行清算,《农民专业合作社法》规定,因章程规定的解散事由出现、成员大会决议、依法被吊销营业执照或者被撤销而解散的,应当在解散事由出现之日起 15 日内由成员大会推举成员组成清算组,开始解散清算。逾期不能组成清算组的,其成员、债权人可以向人民法院申请指定成员组成清算组进行清算,人民法院应当受理该申请,并及时指定成员组成清算组进行清算。依据该法第 41 条第 1 款第 3 项规定,因合作社合并或者分立需要解散的,其债权债务全部由合并或者分立后存续或者新设立的合作社承继,故不用成立清算组进行清算。

清算组是指在农民专业合作社清算期间负责清算事务执行的法定机构。合作社一旦进入清算程序,理事会、理事、经理立即停止执行职权职务,由成员大会推举或人民法院指定的清算组行使管理合作社业务和财产的职权,对内执行清算业务,对外代表合作社。清算组在清算期间的主要职权为:(1)处理与清算合作社未了结的业务。(2)清理合作社财产,包括编制资产负债表和财产清单等。(3)清偿债权、债务。清算组在清算的过程中,如果发现合作社财产不足以清偿债务时,应及时向人民法院申请宣告破产。经人民法院裁定宣告合作社破产后,清算组就应将清算事务移交给人民法院,进入破产清算程序。如果清偿债务后还有剩余财产,也就是说,在支付清算费用、职工工资及社会保险费用、清偿所欠税款及其他债务后剩余的合作社财产,应当返还或者分配给合作社成员。清算组成员应当忠于职守,依法履行清算义务,因故意或者重大过失给合作社成员及债权人造成损失的,应当承担赔偿责任。

(二)解散清算的程序

解散清算的程序相对简单一些,一般程序包括成立清算机构;通知、公告合作社成员和债权人;制定清算方案;实施清算方案;办理注销登记。需要注意的是,清算方案必须经农民专业合作社成员大会通过或者人民法院确认后才能开始实施。

1.成立清算机构。由成员大会推举或人民法院指定清算组,行使管理合作社业务和财产的职权。

2.通知、公告合作社成员和债权人。清算组自成立之日起 10 日内通知合作社成员和债权人,并于 60 日内在报纸上公告。债权人应当在接到通知之日起 30 日内,未接到通知的自公告之日起 45 日内,向清算组申报债权。如在规定期间内全部成员、债权人均已收到通知,则免除清算组公告义务。债权人申报债权,应当说明债权的有关事项,并提供证明材料。清算组应当对债权进行登记。债权申报期间,清算组不得对债权人进行清偿。

3. 制定清算方案。清算组在清理合作社财产、编制资产负责表和财产清单后,要制定清偿合作社员工工资及社会保险费用、清偿所欠债务、分配剩余财产的方案。清算方案应报成员大会通过或者主管部门确认。如发现财产不足以清偿债务,清算组应停止清算工作,依法申请破产。合作社破产适用企业破产法的有关规定。

4. 实施清算方案。清算方案的实施程序是:①支付清算费用;②清偿员工工资及社会保险费用;③清偿所欠债务;④按财产分配的规定向成员分配剩余财产。

5. 办理注销登记。清算结束后清算组应当提交清算报告并编制清算期内收支报表,报送农业行政主管部门,到相关部门办理注销登记。

三、农村合作社破产时的财产清算

(一)农民专业合作社破产时的清算

农民专业合作社破产,是指合作社不能清偿到期债务时,为保护债权人的利益,依法定程序,将合作社的资产在全体债权人之间按比例公平分配,不足的部分不再清偿的法律制度。

破产宣告,是指法院依据当事人的申请或者法定职权,对具备破产原因的事实做具有法律效力的认定。农民专业合作社破产,关系到成员和债权人的利益。为了保障成员和债权人的利益,法律规定只有人民法院有权宣告合作社破产,合作社不能自行宣告破产,债权人也无权宣告合作社破产。当然,债权人可以向人民法院申请宣告债务人破产还债。

人民法院裁定宣告合作社破产后,由有管辖权的人民法院接管,并负责处理该合作社的破产事宜。破产宣告是合作社进入破产清算的起点。合作社一经被宣告破产,就丧失了对其全部财产的管理处分权,进入以全部财产清偿债务的清算阶段,其法人资格仅在清算的意义上存在。

破产清算是合作社因严重亏损,资不抵债,被依法宣告破产而进行的清算。合作社因资不抵债而清算的案件,若由合作社向法院提出申请,则为自愿性申请;若由债权人提出破产申请,则为非自愿性申请。合作社自行提出破产申请时,应当说明合作社亏损情况,提交有关会计报表、债务清册和债权清册。债权人提出破产申请时,应当提供关于债权数额、有无财产担保以及合作社不能清偿到期债务的有关证据。

(二)破产清算的程序

1.由债权人或合作社向人民法院申请合作社破产。

2.法院受理破产申请后,对合作社的其他民事执行程序、财产保全程序必须中止,同时,应当及时通知合作社的开户银行停止办理合作社的结算业务。开户银行支付维持合作社正常生产经营所必需的费用时,需经人民法院许可。

3.法院裁定宣告进入破产还债程序后,在10日内通知合作社的债务人和已知债权人,并发出公告。债权人应当在收到通知后30日内,未收到通知的债权人应当自公告之日起3个月内,向法院申报债权。逾期未申报债权的,视为放弃债权。债权人可以组成债权人会议,讨论破产财产的分配处理方案以及和解协议。

4.由人民法院指定管理人。管理人可以由有关部门、机构的人员组成的清算组或者依法设立的律师事务所、会计师事务所、破产清算事务所等社会中介机构担任。

5.管理人负责破产财产的保管、清理、估价、处理和分配。管理人可以依法进行必要的民事活动,他们对法院负责并报告工作,接受法院和债权人会议的监督。

6.破产费用包括:破产案件的诉讼费用;管理、变价和分配破产财产的费用;管理人执行职务的费用、报酬和聘用工作人员的费用。

7.破产财产分配完毕,由管理人提请法院终结破产程序。破产程序终结后,未得到清偿的债权不再清偿。

8.破产程序终结后,由管理人向合作社原登记机关办理注销登记。

第四章 农村合作社组织内部管理的运营

本章的农村合作社组织内部的运营主要指合作社内部组织机构管理以及合作社内部的人力资源管理,是合作社作为一种经济合作组织的基本组成部分的运营,是合作社其他环节运营管理的基础。

第一节 农村合作社组织机构的建设及运营

农村合作社的组织机构由成员(代表)大会、理事会和监事会组成,其中,成员(代表)大会是合作社的最高权力机关,这样设置的目的是使合作社成员的各项权利得到保障,实现决策的民主制,同时提高合作社的运营效率。

一、农村合作社组织机构的设置

(一)合作社最高权力机构:成员(代表)大会

1.成员(代表)大会的性质

农村合作社的成员(代表)大会是农村合作社的基本制度,是合作社的权力机构,也是农民社员行使权力的重要渠道。农村合作社属全体社员所有,成员(代表)大会由全体具有社员资格的成员组成(社员资格要符合社章的规定及要求),若社员在 150 人以上,可按照社章规定民主选举产生社员代表并组成社员代表大会。社员代表大会依照社章的规定,经成员(代表)大会授权可行使成员(代表)大会的部分或全部职权。成员(代表)大会以会议的形式行使权利,不采取常设机构或日常办公的方式。

2.成员(代表)大会的职责

(1)修改章程。随着农村合作社生产经营活动的开展,原来没有遇到的一些问题可能会出现,这时也许原来章程中没有约定好,于是就要涉及章程的修改。修改章程必须在成员(代表)大会召开期间才可进行,而且需要有三分之二以上有表决权的成员通过。

(2)选举和罢免理事长、理事、执行监事或者监事会成员。理事会(理事长)、监事会(执行监事)分别是合作社的执行机关和监督机关,其任免权应当由成员(代表)大会行使。

(3)对重大财产处置、对外投资、对外担保以及生产经营中的其他重大事项是否开展进行表决。而且也必须由本社成员表决权总数的三分之二以上成员通过。

(4)盈余分配方案、亏损处理方案。年度业务报告是对合作社年度生产经营情况进行的总结,对年度业务报告的审批结果体现了对理事会(理事长)、监事会(执行监事)一年工作的评价。盈余分配和亏损处理方案关系到所有成员获得的收益和承担的责任,成员(代表)大会有权利对其进行审批。经过审批,成员(代表)大会认为方案符合要求的则可予以批准,反之则不予批准。不予批准的,可以责成理事长或者理事会重新拟定有关方案。

(5)对合并、分立、解散、清算作出决议。合作社的合并、分立、解散关系到合作社的存续,关系到每个成员的切身利益,也属于重大事项。因此,这些决议也应当有三分之二以上表决权的成员通过。

(6)决定聘用经营管理人员和专业技术人员的数量、资格和任期。农村合作社是由全体成员共同管理的组织,成员(代表)大会有权决定合作社聘用管理人员和技术人员的相关事项。

(7)听取理事长或者理事会关于成员变动情况的报告。成员变动情况关系到合作社的规模、资产和成员获得收益和分担亏损等诸多因素，成员(代表)大会有必要及时了解成员增加或者减少的变动情况

(8)章程规定的其他职权。除上述七项职权，章程对成员(代表)大会的职权还可以结合本社的实际情况作其他规定。

3.成员(代表)大会的召开

(1)召开时间。成员(代表)大会每年至少召开一次，由理事会负责召集。但出现下列情况需召开临时成员(代表)大会：30％以上的社员提议；执行监事或监事会提议；章程规定的其他情形。

(2)成员(代表)大会参会人数及议事表决。农村合作社召开成员(代表)大会，其出席人数应当达到成员总数三分之二以上。在议事表决方面，对于一般事项，应当由总数过半数的有表决权的本社社员通过；对于修改章程，合作社的分立、合并、解散，重大财产处置、对外投资、对外担保等重大事项应当由本社成员表决权总数的三分之二以上通过。

(3)成员(代表)大会的会议记录。召开成员(代表)大会需记录会议的举行情况，包括会议的举行时间、地点、召集人、主持人、出席会议的成员及其持有的表决权数、会议的主要内容等。对成员(代表)大会作出的决议，还应当对所决定的事项、出席会议的成员数及其代表数情况，表示同意、弃权、反对的表决情况和结果进行详细的记录。会议记录要经出席会议的成员、理事、监事确认并签名，并存档保存，以备今后查看。

4.成员(代表)大会的议事规则

成员(代表)大会选举或者作出决议，应当由总数过半数的有表决权的本社社员通过；作出修改章程或者合并、分立、解散的决议应当由有三分之二以上有表决权的社员通过。章程对表决权数有较高规定的，从其规定。

成员(代表)大会的代表以其受社员书面委托的表决权数，在代表大会上行使表决权。

农村合作社的重大事项都要提交成员(代表)大会讨论通过,农村合作社成员在成员(代表)大会上享有平等的选举权,一般实行"一人一票"的投票方法。这是农村合作社实行民主管理的具体体现,也是与有限责任公司和其他经济组织的主要区别之一。

总之,成员(代表)大会对内是合作社的最高权力机构,它是社员作为合作社财产的所有者对合作社行使财产管理权的组织;它由全体社员组成,对合作社重大事项进行决策,有权选聘和解除理事会、监事会成员,并对合作社的一切生产经营管理拥有最高和最广泛的决定权,合作社一切重大的人事任免和重大的经营决策要得到成员(代表)大会认可和批准方能实施。成员(代表)大会只能通过召开会议表决的方式来行使最高管理控制权,即社员通过行使"一人一票"的表决权,来行使对合作社的管理控制。需要注意的是,在成员(代表)大会结束后应形成书面决议并作为重要档案文件妥善保管。

(二)合作社经营管理机构:理事会及其负责人(理事长)

理事会是成员(代表)大会按社章民主选举产生并任命,接受全体社员委托,执行成员(代表)大会决议、承担受托责任的权力机构。理事会负责合作社的具体生产经营管理工作,对成员(代表)大会负责,为成员利益最大化服务。成员(代表)大会是合作社管理的最高权力机构,但大会不可能对合作社生产经营中的任何业务都开会讨论,这就要选举产生理事会并授权其负责合作社具体的经营管理工作。理事会就相当于合作社的管家,成员(代表)大会拥有对合作社管理的最高决策权,并拥有对理事会工作的监督管理权,对理事会工作失误造成的损失拥有追究权。

1.理事会的产生

理事会成员由理事长和理事组成。理事会至少由 3 名成员组成。理事会成员由成员(代表)大会在本社社员中选举产生,一般情况下任期 3 年,可连选连任。社员直接在理事会成员中民主选举 1 名理事长,理事长为本社的法定代表人,领导理事会工作。若合作社规模较小,社员人数少,则可以不设立理事会,只设 1 名理事长,按社章规定在社员中民主选举产生。

2.理事会的职责

农村合作社理事会的主要工作职责如下:

(1)组织召开社员(代表)大会并报告工作,执行社员(代表)大会决议。

(2)制订(定)本社发展规划、年度业务经营计划、内部管理规章制度等,提交社员(代表)大会审议。

(3)制订年度财务预决算、盈余分配和亏损弥补等方案,提交社员(代表)大会审议。

(4)组织开展社员培训和各种协作活动。

(5)管理本社的资产和财务,保障本社的财产安全。

(6)接受、答复、处理、执行监事或者监事会提出的有关质询和建议。

(7)决定社员入社、退社、继承、除名、奖励、处分等事项。

(8)决定聘任或者解聘本社经理、财务会计人员和其他专业技术人员。

(9)履行社员(代表)大会授予的其他职权。

理事会实际上是理事之间议事沟通、达成共识后共同努力经营、管理合作社的机构,对外是合作社进行经济交易活动的全权代表,对内是社员代表大会决议的执行者,经营、管理合作社。

3.理事会的议事规则

理事会议的表决实行"一人一票"制。重大事项集体讨论,并经三分之二以上理事同意方可形成决议。理事个人对某项决议有不同意见时,其意见应记入会议记录并签名。如该决议对合作社造成重大损失,表决时有异议并被记载于会议记录的理事可免除其责任。同时,理事会会议可邀请执行监事、经营管理负责人和一定数量的成员代表列席,列席会议者无表决权。

4. 理事会的负责人：理事长

理事长是法定必设职位，是合作社的法定代表人，可连选连任。理事长及理事由成员（代表）大会从本社社员中选举产生，依照《农村合作社法》和本社章程的规定行使职权，对成员（代表）大会负责。选举理事长、理事，应当召开成员（代表）大会，出席人数应当达到社员总数的 2/3 以上。选举理事长、理事应当由本社社员表决权总数过半数通过，如果章程对表决权数有较高规定的，从其规定。

理事长的职权包括六个方面的内容：

（1）主持成员（代表）大会，召集并主持理事会会议。

（2）签署本社成员出资证明。

（3）签署聘任或者解聘本社经理、财务会计人员和其他专业技术人员聘书。

（4）组织实施成员（代表）大会和理事会决议，检查决议实施情况。

（5）代表本社签订合同等。

（6）履行成员（代表）大会授予的其他职权。

（三）合作社的监督机构：监事会及其负责人（监事长）

监事会是农村合作社的专职监督机构，代表全体社员监督合作社的生产经营、管理和业务执行情况；与理事会平级，不受理事会领导，直接对成员（代表）大会负责。监事会不是必设机构，但监事会的设立与完善可以保证合作社生产经营决策的正确合理，保证理事会、财务部门等正确地执行成员（代表）大会的相关决议，防止徇私舞弊行为损害合作社利益相关方的权益等。

1. 监事会的产生

监事会成员由监事长和监事组成。监事会成员通过成员（代表）大会从本社成员中民主选举产生，依照《合作社法》及社章的规定行使职权，对成员（代表）大会负责。监事长按社章规定从监事中民主选举产生,负责监事会的工作。监事会至少有 3 名监事,其中设 1 名监事长,由成员(代表)大会选举产生。监事任期一般为 3 年,可连选连任。理事长、理事、经理和财务会计人员不得兼任监事或执行监事。

2.监事会的职责

监事会负责监督理事会经营管理的执行情况,并维护全体社员的利益,有权对理事会的经营管理工作质询,经调查取证,要求理事会做出合理解释,并向成员(代表)大会报告,必要时有权提议召开成员(代表)大会,可以列席理事会会议,向理事会工作提出建议。

监事会的职责如下:

(1)监督理事会对成员(代表)大会决议和本社章程的执行情况。

(2)监督检查本社的生产经营业务情况,负责本社财务审核监察工作。

(3)监督理事长或者理事会成员和经理履行职责的情况。

(4)向成员(代表)大会提出年度监察报告。

(5)向理事长或者理事会提出工作质询和改进工作的建议。

(6)提议召开临时成员(代表)大会。

(7)代表本社负责记录理事与本社发生业务交易时的业务交易量(额)情况。

(8)履行成员(代表)大会授予的其他职责。

3.监事会的议事规则

农村合作社监事会会议由监事长召集,须有三分之二以上的监事出席才能召开,会议形成的决议以书面形式通知理事会,理事会在接到通知后须在规定的时间内作出答复。农村合作社监事会会议的表决,实行"一人一票"的原则。重大事项的决议须经三分之二以上监事同意方能生效。监事个人对某项决议有不同意见时,其意见记入会议记录并签名。

二、农村合作社组织机构的运行

（一）成员（代表）大会、理事会和监事会之间的关系

合作社设置了"成员（代表）大会——理事会——监事会"三权分立的治理结构，成员（代表）大会、理事会与监事会分别为合作社的最高权力机构、合作社的执行机构与监督机构。这三个机构功能各异、相对独立，相互分工配合与制衡，构成了合作社内部治理结构不可分割的有机整体。三个机构权力的相互制衡，确保了合作社内部管理、监督的有效性，防止权力不受限制而产生的机会主义、徇私舞弊，甚至是犯罪行为。

从某种程度上看，成员（代表）大会与理事会或者理事长是垂直管理关系，理事会或理事长由成员（代表）大会选举产生，对成员（代表）大会负责，同时也受成员（代表）大会监督，需要执行成员（代表）大会的决议。监事会或执行监事是作为一个部门，独立于成员（代表）大会和理事会这条管理主线之外的，但监视会或监事长拥有对成员（代表）大会和理事会的监督权，有权对成员（代表）大会和理事会提出建议或意见。

（二）农村合作社组织机构的运行机制

从"三会"，即"成员（代表）大会——理事会——监事会"之间的关系到合作社的各个部门及农户（社员），是直线管理的关系，但是这种管理关系与企事业单位内部的管理关系又存在较大的差异，具体表现为：成员（代表）大会与农户（社员）的关系差异、各部门管理强度的差异。从管理机制运行图来看，成员（代表）大会是最高权力机关，理事会必须执行成员（代表）大会的决议，受到成员（代表）大会的监督和制约，理事会有运行整个合作社的职责，有权决定社员的加入、退出、奖励和惩罚等，也就是有权对社员进行管理，但同时，社员是合作社的核心，合作社是由社员构成的，成员（代表）大会也是由社员组成的，相对来说社员比企事业单位内部普通的职员在合作社内拥有更多的自主权。这种权力关系使得合作社的运行管理强度，也就是理事会对社员的领导权、控制权相对

低于企事业单位内部的管理。这也是合作社民主管理运行的一大特色。

　　就合作社整体运作流程而言,由成员(代表)大会召开制定合作社各领域战略目标和计划,决定重大事项,理事会监督并执行成员(代表)大会的决议,即将成员(代表)大会的目标计划分解成更为详细的执行方案,并将方案传递给下一层级的各个部门,各个负责部门的社员(农户)对各自的方案指标进一步细化,之后进行生产销售等具体操作实施。而监事会或执行监视是整个流程的监督者,但不能直接管理和控制成员(代表)大会、理事会以及合作社的各个部门。下图为农村合作社组织机构的运行图:

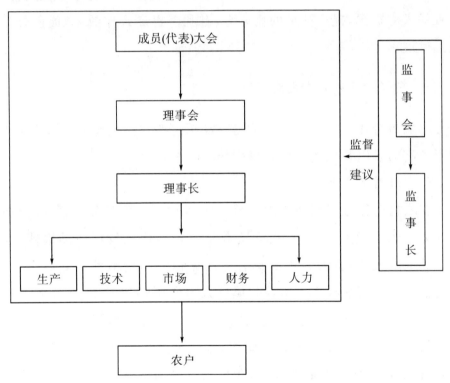

图 4-1　农村合作社组织机构的运行图

第二节　农村合作社人力资源运营

农村合作社作为具有法人资格的经济组织形式,要在生产经营中提高其生产经营效率与水平,不断增强市场竞争力,确保合作社的可持续发展,便需要做好合作社人员管理运营工作。事实上,人员管理同市场管理一样需要运营和维持,不断优化合作社人员的知识水平和生产能力,提高人员的竞争力,因为市场竞争说到底也是人才的竞争,运营好合作社的人力资源,提高社员的竞争力,有利于提高合作效率,促进合作社长远发展。

一、农村合作社人力资源特质

对农村合作社人力资源的开发,需要正视农民的特性,方能对其人力资源潜力予以积极挖掘和正确引导。

(一)社员参与积极性较低

在农村合作社发展所需的自然资源、物质资源、资金资源、社会资源和人力资源等诸多要素中,人力资源是农村合作社发展的助推器,且相比于其他发展要素,人力资源具有无法比拟的高增值性和效益递增性。农村合作社只有从根本上重视和搞好人力资源管理工作,在选人、用人、育人和留人等方面苦下功夫,充分挖掘其所拥有人力资源的潜力,并使其得到持续不断地开发和有效使用,才能最大程度地推动自身的发展。然而,在农村合作社发展实践中,在市场竞争的直接压力下,管理者更多关注农村合作社业务发展的问题,对包含人力资源管理在内的内部管理工作则较少重视,导致普通社员参与农村合作社业务的积极性不高,出现"搭便车""随大流"的现象。

（二）人力资源类型复杂

农村合作社作为特殊类型的互助型经济组织，基于关系的差异性和人力资源自身能力素质的异质性，拥有较为复杂的人力资源类型。在组织关系上，农村合作社人力资源包括成员和雇员两种，其中成员是农村合作社的组织基础，或被聘为管理者和工作员工，或只与合作社存在单纯的产品惠顾关系，或只是合作社单纯的投资者，如农业企业、供销社、农技部门、村基层组织或运销大户等；雇员是农村合作社基于管理和发展的需要，从农村合作社外部聘请的人员。从人力资源的工作经验和知识技能来讲，农村合作社人力资源突出表现为管理型、技术型、营销型和传统经验型。作为农村合作社管理人员，要认识到农村合作社人力资源的这种多重差异性，认识到不同的人力资源会拥有不同的能力储备和发展诉求，要从各类人力资源自身的需求和特性出发，对其实施差异性和特殊性的管理与分工配置，如此才能有效地激励其人力资源潜力的发挥。

（三）普通社员的价值难以发挥

农民作为农村合作社的主要成员类型，是农村合作社最主要的人力资源群体，其潜力的开发将会给农村合作社的发展带来无可估量的收益。然而，农村合作社主要依赖核心人才运作，普通社员在运营方面发挥的作用比较小，且仅限于提供生产原材料和农产品以及充当普通劳动力，而在提供传统农业知识、技术和新想法、新点子等方面发挥的作用很小。农村合作社管理者应充分认识到普通社员的价值，为其进行培训，提供发展机会，并根据其特性，对其人力资源潜力进行因势利导的激发和利用。

二、农村合作社人力资源运营的重要性

人才是合作社稳固发展的必要支柱，也是助推合作社长久健康持续的动力源泉。通过参照企业人力资源管理的有效性而言，农村合作社在

人力资源管理上也可以达到相同的作用。

首先,在生产经营上,通过人力资源和生产资料的有效协调,从而达到生产资料和人力资源的优化配比,保证生产经营活动井然有序地运作。

其次,在提高经济效益上,实现人力资源的最优配置,放大劳动力的最大优势,使合作社以最小的劳动成本换取最大的经济效益。如今在市场经济环境下,合作社如果要发展生存,就必然向利润最大化的趋势发展。

最后,在持续经营上,合作社中的很多成员都会因为心理和生活上的因素导致工作效率不高,或者以跳槽的方式来缓解心理和生活上的问题,因而给合作社造成不同程度的损失,影响合作社稳定发展。从这一方面来看,人力资源管理通过教育与培训或者是以文化建设的方式,疏解成员们生活中的困难及心理上的不利因素,增进团队成员之间的感情和友情,并激励成员们乐于工作,积极保持稳定的状态和发挥自身的最大潜力和优势,为合作社创造出更有效的经营成果,从而达到维护合作社成员的团队意识和凝聚力。因此,人力资源管理在农村合作社中应用是最有效的,也是最重要的,同时也对农村合作社的规范健康发展起到助推作用。

三、农村合作社人力资源运营的体系设计

人力资源管理是指在现代管理中,运用现代化的科学方法,对管理系统中的人力资源进行合理的组织、适配、培训、激励,通俗来讲就是选人、育人、用人和留人,是提高组织竞争力的重要途径。因此,要提高农村合作社的竞争力便需要做好合作社人才运营工作,通过一定的运行框架,结合实际情况,形成合作社自身独特的人力资源管理体系。

典型的人力资源管理分为六大模块:人力资源规划、招聘与配置、培训与开发、绩效管理、薪酬福利管理、员工关系管理。在农村合作社中,

人力资源规划和招聘就表现为合作社管理部门人才选聘规划,即理事会及其负责人、监事会及其负责人、经营管理负责人的选聘,岗位制度设计(经营管理负责人的职责、各部门的岗位制度设计等);培训与开发表现为挖掘社员的优势和技能,对社员进行能力培训和发展;绩效管理和薪酬福利管理属于合作社的激励机制,用于留住合作社人才,激励社员发展,激发合作社创造动力;而员工关系管理就是对社员与本社之间的关系、社员与社员之间的关系的处理,一方面是社员管理,即处理社员的加入和退出,另一方面是社员活动,维持和发展社员与本社的关系以及社员与社员之间的关系,在运营过程中表现为处理好社员之间的关系,提高社员之间的凝聚力,提高合作能力,增强社员对合作社的归属感。

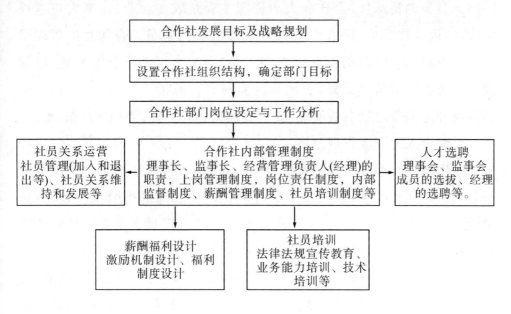

图 4-2 农村合作社人力资源管理体系图

四、人力资源运营策略

(一)提升核心社员的文化水平

核心社员文化水平的高低直接关系合作社的健康发展,要从根源上解决问题,政府应当继续提高当地的义务教育意识和能力,农业部门应联合农业院校积极组建农业技能培训班,为合作社的农业种养殖技术人员提供相应技术指导。例如可以鼓励大学生村官担任合作社理事长助理,相当于企业总经理秘书职务,帮助处理合作社行政事务;再如聘用高校毕业生以员工身份参与合作社的运营管理,他们不享有合作社的股份,职责是在科研项目申请、生产技术支持、拓展销售业务市场、财务制度建设等方面出谋划策。

(二)健全人力资源管理制度,明确岗位职责

1.正确认识农村合作社人力资源的特质

管理层要正确认识农村合作社人力资源的特质,由于作为互助性经济组织自身的特殊性,合作社人力资源主要是农业企业、运销大户这样的成员,以及技术型、营销型、传统经验型这样的雇员。合作社的管理层要根据不同人力资源的发展诉求和能力特性,合理进行资源配置,以激发人力资源的潜能。此外,农民作为农村合作社的主要成员,管理层应当重视和挖掘普通社员的潜能,提供发展机会,进行因势利导的激励。

2.健全人力资源管理制度

要明确岗位职责。财务人员必须具备从业资格,且不能是监事会成员的直系亲属和配偶,严格按照财务职业道德法规进行岗位设置,例如出纳和会计不能为同一人;生产和技术岗位社员需要掌握农业种养殖操作和技术能力,充分了解农产品的相关信息,并能够保证农业活动安全、绿色、规范地开展;销售岗位要具备市场预测和与农户沟通需求的能力,随着网络经济的发展,还要掌握一定的线上销售的技能;此外,鼓励合作社增设新媒体运营岗,积极运用微信公众号、微博宣传等渠道推广本合作社的生产经营活动,增加知名度。

(三)完善合作社薪酬绩效福利制度

目前市场竞争激烈主要是人才竞争。吸引农业人才、留住农业能手要从薪酬、绩效、福利三个角度,制定具有差异性、合理性的薪酬分配制

度,在明确岗位职责的基础上进行绩效考核,并辅之以适当的福利或奖励。基础的岗位工资要参照本地区的最低工资标准,这是对员工的基本保障;绩效工资则根据社员完成工作的情况和质量制定,例如销售人员根据月初规定的销售目标按比例发放,这种具有奖励性质的绩效工资体系能够大大激发社员积极性和主动性;岗位津贴是对工作中发生的特殊情况的补助,例如差旅费补助、销售人员的电话费补助、技术人员的加班费等;福利奖励则是仿照企业的模式给社员一定的激励,例如年终奖金、带薪休假、免费食宿等。这种相对完善健全的薪酬绩效福利制度对社员具有一定的约束和激励作用,能够充分发挥人力资源管理的优势,促进合作社健康发展。

（四）制定合理的人才招聘、培训制度

招聘到适合的社员会给合作社的发展注入新鲜血液并激发创造力。合作社可以加入各大高校的双选会,积极与高校就业办取得联系。与此同时,在科技高速发展的今天,合作社应当充分结合线上线下招聘模式,在各大互联网招聘平台发布信息并获取求职者信息,甚至可以进行线上预面试环节以节约招聘成本、提高招聘效率和质量。此外,应当鼓励合作社进行人才互享互通,三个以上的农民专业合作社可以申请设立联合社,形成人力资源共享,这样不仅可以改善合作社人力资源管理现状,还可以降低单个合作社经营成本,实现共赢。

在社员培训方面,合作社可以采用师傅带徒弟、手把手教学的方式,并在此基础上,加大培训资金投入,邀请领域专家指导解惑;此外,还需要政府加大财政资金的帮扶力度,积极建立合作社与高校的本科生、研究生工作站平台,出台相关政策,鼓励农业院校毕业生支持农业农村发展,借鉴国外先进经验。例如韩国政府积极协助建立的农协大学,超过80％的毕业生从事农业生产活动,这也是从根本上培养农业人才,提升合作社社员文化素质的有效途径。在培训内容方面,要尽量满足合作社的全方位发展,要有针对财务、销售、行政、宣传等多岗位的专业权威的培训课程,可以将线下和线上授课相结合,还可以联合经管类院校的学生、教师开展会计岗前实训课程等进行财务实操培训。

五、农村合作社人力资源运营的风险控制

人力资源运营风险是指企业在人力资源管理控制过程中,在岗位职责和人力资源计划、招聘、培训、离职、考核、薪酬等方面存在的风险。

(一)农村合作社人力资源运营的主要风险

农村合作社人力资源运营风险主要包括:

1.岗位职责不清晰,不相容岗位未按规定实施分离,影响合作社的整体发展。主要表现为理事会成员以及合作社各部门负责人对自己的职责不清晰,身份模糊,或者社员对合作社的作用、理事会理事长的职责不清晰,对自己在合作社中的定位不清晰,从而没能发挥好成员(代表)大会的作用等,这些问题都会影响合作社整体的运营与发展。

2.人力资源配置不及时、不合理,敏感、关键、涉密等岗位人员配置不适当,影响合作社的正常经营。由于农村合作社的组成人员以传统的农户为主,接受的现代教育较少,现代信息技术的运用水平不高,选择人才对合作社进行运营管理的标准较为单一,容易导致人不对位的情况。

3.社员整体的专业技能、职业道德、综合素质等与合作社业务发展目标不相适应,影响合作社的长远发展。

4.激励和约束机制不健全,人力资本使用效率低,对骨干社员的凝聚力不强,影响社员积极性的发挥。

5.人力资源考核政策和薪酬制度(包括盈余分配制度等)不合理,可能导致合作社管理人员和社员的流失或者合作社的业绩低下。

(二)农村合作社人力资源风险控制

1.根据合作社的总体目标,进行人力资源总体规划配比,规范工作流程,按照计划、制度和程序组织社员引进工作。严格按照合作社的社章规定选拔管理人员和代表人员。

2.根据合作社人力资源能力框架要求明确各岗位的职责权限、任职条件和工作要求,遵循德才兼备、以德为先和公开、公平、公正的原则,通过竞争上岗、公开投票等多种方式选聘优秀组织者和管理者,重点关注选聘对象的价值取向和责任意识。

3.相关人员在进行制度设计时必须认真学习相关法律法规,在制度制定过程中,要做好相关政策的宣传解释工作,社员之间要进行充分的沟通交流。同时,制度的制定要坚持原则性和灵活性相结合,不能依照已有的其他合作社的制度模板照搬照抄,要结合本社的具体情况进行针对性的制度设计,明确各项制度以及各岗位职责。

4.建立和完善合作社的人才激励约束机制,设置科学的业绩考核指标体系,对各级管理人员和全体社员进行严格考核与评价,以此作为确定社员薪酬、奖惩情况的重要标准。针对农村合作社人才的收益,特别是针对农村合作社的带头人,要改革和完善现行分配制度,坚持把按劳分配与按生产要素分配相结合,采用多种分配方式,鼓励知识、技术、管理和资本等生产要素参与收益分配,建立更合理的农村合作社人才分配激励机制,做到智力资源资本化,实现一流人才以一流业绩赢得一流报酬。对做出贡献的农村合作社人才,给予必要的荣誉称号,既可满足其精神需要,又可树立榜样,营造良好的激励氛围。从而保障合作社人才的供给和人才的质量。

5.构建合作社人才教育体系,采取政府、学校与农村合作社联合办学的模式。一是政府有关部门应统筹农村合作社人才的教育,给予特殊的优惠政策,提供培养经费。二是学校尤其是农业院校要积极研究人才成长的特点,深入了解农业岗位的需求,探索符合农村合作社人才特点的教学模式,增强教学的针对性和实效性。三是建立合作社人才培养基地,成为农村合作社人才培养的有效保障。最后,农村合作社自身加强对人才的培养。根据学习型组织理论,农村合作社应该建立开放的学习系统,努力使工作学习化和学习工作化,为农村合作社人才提供良好的学习氛围。

第五章 农村合作社财务运营

财务运营是任何想要可持续发展的组织都逃不开的话题。农村合作社是一种经济合作组织,如何规范财务管理制度,做好财务运营,是合作社发展的重要保障。

第一节 农村合作社资金的筹集及成员账户的设立

资金筹集是农村合作社成立和发展的重要环节,巧妇难为无米之炊,如果没有资金来源,农村合作社难以生存更何谈运营维系,因此了解合作社资金筹集渠道,掌握资金筹集和管理方法对合作社的可持续发展极为重要。

农村合作社是由一个个成员组成的,合作社成立是为所有成员服务的,因此必须保障合作社所有成员的权利和利益,设立成员账户一方面可以完善合作社成员管理制度,提高合作社的运营效率,同时有利于区分成员和非成员合作关系,保障成员的收益,凸显合作社的组织优势;另一方面可以促进分配公平,为合作社的盈余分配提供可靠的依据。因此,要做好农村合作社的财务管理运营工作掌握资金筹集和成员账户设立是不可忽视的重要环节。

一、农村合作社资金的筹集

(一)农村合作社资金筹集的概念

资金是合作社从事生产经营活动的基本条件,筹集资金是农民专业合作社的重要财务活动之一,也是合作社资金运动的起点。所谓筹集资金是指合作社为了满足本社用资的需要,从出资成员和债权人等筹措和集中所需的物质和货币的过程。在筹资过程中,合作社一方面要确定筹资的规模,以保证合作社正常运作所需要的资金;另一方面要通过对筹资渠道、筹资方式的选择,合理确定筹资结构,以降低筹资成本和风险。筹集资金既是合作社生产经营的前提,又是合作社再生产顺利进行的保证。

(二)农村合作社资金筹集的渠道

合作社资金筹集是指农民专业合作社资金的筹措与集中,也可称为合作社生产经营、提供服务以及盈余分配准备资金的过程。一般来说,合作社的资金筹集渠道包括成员出资、银行贷款、国家政策扶持资金、社会捐资、其他单位或个人的捐赠资金、合作社盈利资金以及存款利息等。合作社在筹集资金时需要注意的是,各种资金筹集渠道需要的条件、时间耗用、筹资成本以及资金使用的限制等有所不同。常用的资金筹集渠道主要有以下几个:

1. 成员出资

这个渠道是合作社最初的资金来源,出资金额的多少要看成员的经济实力和意愿,初次出资额要经过设立大会批准,以后要增加出资额需要经过成员(代表)大会讨论通过。

2. 银行贷款

这个方式可以在短期内筹集到大量的资金,但是需要支付利息,并按时还本。取得借款还要满足对方要求的抵押、担保条件以及信誉度水平,并办理抵押评估、登记等方面的手续。

3.非银行金融机构借贷

农村中最主要的非银行金融机构是农村信用社和农村合作银行。农村合作银行是在农村信用社基础上建立的,目的是壮大农村金融机构的力量,更好地为农村经济发展服务。

4.国家政策扶持补助资金

国家财政扶持补助资金是指国家以财政拨款的方式投入企业的资金。随着国家对农民专业合作社的重视程度的提高,国家对其政策倾斜和财政扶持力度也越来越大。2015年中央财政拨付20亿元人民币资金,专项用于支持农民专业合作组织发展,旨在促进新型农业经营体系构建,不断提高农民组织化程度。

5.生产经营盈利

这是合作社成立后主要的资金筹集来源,这部分资金不需要支付利息,可以长期使用,但在成员退出合作社时,要按章程规定将记入成员个人账户的公积金支付给成员。

6.他人捐赠款及其他企业资金

他人捐赠款是指社会中的扶贫企业单位或者公益人士捐赠的资金,用于农村合作社的生产运营投入,属于公益资金来源。这里的其他企业资金是指,农民专业合作社作为一种特殊的企业法人,也可以吸收其他优势企业的投资,在采取"龙头企业+农户"经营模式的合作社,龙头企业的资金投入对农民专业合作社的发展会起到重要的推动作用。

(三)农村合作社筹集资金的分类

农村合作社筹集的资金按照不同资金筹集的性质,可以分为股权资本和债务资本。

1.股权资本

股权资本也叫权益资本或自有资金,是指农民专业合作社通过成员认购股金内部盈余留存等方式筹集到的资金,是合作社依法筹集并拥有的,可自主支配使用的资金。为了体现农民专业合作社民主管理的原则,一般规定合作社法人股金或最大成员股金不得超过股金总额的20%。股权资本包括成员股金、资本公积金和未分配盈余三部分。股权资本筹资有以下几个特点:

(1)其所有权归合作社成员所有,成员凭出资额取得相应的收益,同时对合作社承担相应的责任。

(2)它是合作社法人财产权的体现和合作社负债的载体,资金的所有者一旦缴纳,除成员退社外无权抽回,成为合作社的法人资本。

2.债务资本

债务资本也称为负债资本或借入资金,是指农民专业合作社通过银行借贷等方式筹集的资金,它表明债权人对合作社拥有的债权,是合作社的债务。债务资本为合作社依法筹集并使用,必须按期支付利息并偿还本金。

负债又可分为流动负债和长期负债。流动负债是指可以在一年内或者超过一年的一个营业周期内偿还的债务。超过一年或一个营业周期以上才需要清偿的债务为长期负债。

在农民专业合作社筹资总额中,股权资本与负债资本的比例称为资本结构。合理安排股权资本和负债资本的比重,做好资金结构的决策,是合作社筹资管理的重要责任之一。另外,合作社的债权人经成员(代表)大会通过,可把债权额作为股金申请加入合作社,实现负债资本向成员股金的转变。

(四)农村合作社资金筹集与管理的建议

1.拓宽筹资渠道,采用多种筹资渠道相结合的筹资模式

资金来源一直是农村合作社可持续发展的重要议题,无论是企业组织还是农村合作社,想要保持经济的可持续发展都需要探索出适合自身发展的筹资(也称融资)模式,使合作社的运营有源源不断的资金来源。根据筹资模式的构成可以分为单一筹资模式和多元筹资模式,单一筹资模式是指合作社依靠某一种资金筹集渠道便能有效运转,如单纯依靠成

员出资维持合作社运营;而多元筹资模式是指合作社的资金来源是多方面的,合作社的资金库是多种渠道筹集的资金汇集而成的,有多种渠道组合方式,如成员出资+政策资金扶持+公益组织捐赠,成员出资+银行贷款,非银行贷款+企业资金等,合作社根据自己的实际需要和特点选择筹资组合。这种多渠道相结合的筹资模式有助于分散筹资风险,是预防和控制资金风险的重要方法。

2.加强合作社自身制度建设,提高资金管理水平

当前农村合作社由于自身结构特点在组织制度建设方面还存在较多不完善的地方,这种不完善在很大程度上影响了合作社对资金的管理和控制,因此,合作社需要加强自身制度建设。主要体现在以下三个方面:

一是完善农民专业合作社法人治理结构。健全成员大会、理事会、监事会制度,加强社务管理的民主决策;建立成员账户制度,明晰成员在合作社中的经济权益。

二是加强农民专业合作社规范化建设,农民专业合作社的注册登记及运行要实行验资、年检制度,可设计免费的简易验资和年检程序,加强监管,树立良好的农民专业合作社经济法人形象,培育一批农民专业合作社财务管理人才,规范农民专业合作社财务管理和会计核算,提高金融机构对农民专业合作社的财务信任度。

三是做大做强农民专业合作社,增强合作社自身的经济实力,降低金融机构贷款风险。

3.关注国家政策的动态方向,争取国家政策扶持补助资金

国家政策是农村合作社发展的支持者、指引者,也是农村合作社发展的清路人,因此合作社的成员要时刻关注国家关于合作社发展的政策动态,一方面可以根据政策走向预测和规划自身未来的发展方面,另一方面是重点关注国家对合作社的优惠扶持政策,为自身发展争取更多国家资源,促进合作社健康持续运营。争取国家政策扶持补助资金是合作

社筹资的新途径。根据《农民专业合作社法》的规定,国家支持发展农业和农村经济的建设项目,可以委托和安排有条件的有关农民专业合作社实施。中央和地方财政应当分别安排资金,支持农民专业合作社开展信息培训、农产品质量标准与认证、农业生产基础设施建设、市场营销和技术推广等服务。对老少边穷地区的农民专业合作社和生产国家与社会急需的重要农产品的农民专业合作社给予优先扶持。这些扶持资金一般是无偿的,因此,对于这类资金,合作社应该积极争取。

二、农村合作社成员账户

(一)成员账户的概述

1.成员账户的主要内容

成员账户是指农民专业合作社用来记录成员与合作社交易情况,以确定其在合作社财产中所拥有份额的会计账户。合作社为每个成员设立单独账户进行核算,可以清晰地反映出其与成员交易的情况,与非成员的交易则通过另外的账户进行核算。

《农民专业合作社法》第三十六条规定,成员账户主要包括以下三项内容:

(1)记录该成员的出资额。出资额包括成员入社时的原始出资额,也包括公积金转化的出资。成员退社时,出资额应当相应退给成员,或者将出资额转让给其他成员,具体要求由合作社的章程规定。

(2)量化该成员的公积金份额。公积金是合作社盈利之后提取的用于扩大生产经营和预防意外亏损的款项,《农民专业合作社法》第三十五条第二款规定:"每年提取的公积金按照章程规定量化为每个成员的份额。"每个成员量化所得的公积金应记载在成员账户内,但成员退社时可以带走。公积金量化的标准并没有明确的法律规定,而是按照合作社自行制定的章程规定。

(3)记录成员与合作社的交易量(额)。与成员发生交易是合作社日常工作中的重要组成部分,合作社的利润大小归根结底来源于与合作社成员交易量(额)的大小。也就是说,交易量(额)的大小,体现了成员对农民专业合作社贡献的大小,将交易量(额)作为成员账户的一项重要指标,既可以使其成为盈余返还的一项重要标准,又可以直观地看出成员对合作社贡献情况的发展变化。因此,这些单独的会计资料是确定成员参与合作盈余分配、财产分配的重要依据。

2.成员账户的作用

农民专业合作社与其他经济组织相区别的基本特征即存在合作社与成员的内部交易。内部交易是指成员享受合作社提供的生产或劳务服务,与合作社进行农产品或者生产资料购销、技术服务等交易,这种交易发生在合作社内部,而且按成本原则进行。这种交易明显与市场中其他经济主体的交易不同,市场中多数交易是在一个经济主体与另一个经济主体之间发生的,因此习惯上称合作社与成员的交易为内部交易。与内部交易相对应,合作社与非成员进行交易时,可以称为外部交易。

《农民专业合作社法》第三十四条规定,农民专业合作社与其成员的交易,应区别于与非成员的交易,因此二者应当分别核算。对于成员,应当在成员账户中进行核算;对于非成员,应在非成员账户中进行核算。因此,农村合作社成员账户具有以下几个重要作用:

(1)有利于分别核算其与合作社的交易量,为成员参与盈余分配提供依据。《农民专业合作社法》第十六条规定,合作社成员享有按照章程规定或者成员大会决议分享盈余的权利。第三十七条第二项规定,合作社的可分配盈余应当按成员与本社的交易量(额)比例返还,返还总额不得低于可分配盈余的60%。而返还的依据是成员与合作社的交易量(额),因此分别核算每个成员与合作社的交易量(额)是十分必要的。

(2)有利于分别核算其出资额和公积金变化情况,为成员承担责任提供依据。《农民专业合作社法》第五条的规定,农民专业合作社成员以其账户内记载的出资额和公积金份额为限对农民专业合作社承担责任。

在合作社因各种原因解散而清算时,成员如何分担合作社的债务,都需要根据其成员账户的记载情况而确定。

(3)为附加表决权的确定提供依据。《农民专业合作社法》第十七条第二款规定,出资额或者与本社交易量(额)较大的成员按照章程规定,可以享有附加表决权。只有对每个成员的交易量和出资额进行分别核算,才能确定各成员在总交易额中的份额或者在出资总额中的份额,确定附加表决权的分配办法。

(4)为处理成员退社时的财务问题提供依据。《农民专业合作社法》第二十一条第一款规定,成员资格终止的,农民专业合作社应当按照章程规定的方式和期限,退还记载在该成员账户内的出资额和公积金份额;对成员资格终止前的可分配盈余,依照本法第三十七条第二款的规定向其返还。只有为成员设立单独的账户,才能在其退社时确定其应当获得的公积金份额和利润返还份额。

(二)成员账户的格式

成员账户是按每个成员一份编制,详细记录每个成员与本社的交易量(额)以及按此返还给该成员的可盈余分配。此外,还包括成员的权益占本社全部成员权益的份额以及按此分配给成员的剩余可分配盈余。成员账户区别于一般的会计报表,有其独特的格式。

成员账户分为左右两个部分。左侧为成员个人的股金和公积金部分,包括成员入社的出资额、量化到成员的公积金份额、形成财产的财政补助资金量化到成员的份额、接受捐赠财产量化到成员的份额;右侧为成员与本社交易情况和盈余返还及分配情况,包括成员与本社的交易量(额)、返还给该成员的可分配盈余和分配给该成员的剩余盈余。具体见表5-1。

表 5-1　成员账户的格式

成员姓名：　　　　　联系地址：　　　　　　　　　　　　　　第　页

编号	年		摘要	成员出资	公积金份额	形成财产的财政补助资金量化份额	捐赠财产量化份额	交易量		交易额		盈余返还金额	剩余盈余返还金额
	月	日						产品1	产品2	产品1	产品2		
1													
2													
3													
4													
5													
年终合计													
	公积金总额：						盈余返还总额：						

（三）成员账户的编制方法

1.相关科目

成员账户中包括了成员的出资额和公积金份额,也包括了成员的交易量(额)和利润返还金额。因此,在成员账户中涉及了股金、资本公积金、盈余公积金、应付盈余返还金额、应付剩余盈余等会计科目。这些会计科目的核算均需要按照有借必有贷,借贷必相等的原则记录,并且,在记录完毕后将每个成员的情况相应登记在该成员的成员账户中。

2.具体编制方式

(1)将上年成员出资、公积金份额、形成财产的财政补助资金量化到成员的份额、捐赠财产量化到成员的份额直接对应填入表 5-1"编号 1"栏。

(2)"成员出资"项目,按本年成员出资计入股金的部分填列。

(3)"公积金份额"项目,按本年量化到成员个人的公积金份额填列。

(4)"形成财产的财政补助资金量化份额",按本年国家财政直接补助形成财产量化到成员个人的份额填列。

（5）"捐赠财产量化份额"项目，按本年接受捐赠形成财产量化到成员个人的份额填列。

（6）"交易量"和"交易额"项目，按本年成员与合作社交易的产品填列。如果有多个品种的产品交易，可在表 5-1"交易量"和"交易额"下增加列，并对应填列。

（7）"盈余返还金额"项目，按本年根据成员与合作社交易量（额）返还给成员的可分配盈余数额填列。

（8）"剩余盈余返还金额"项目，按本年根据成员"股金""公积金"和"专项基金"份额分配给成员的剩余数额填列。

（9）年度终了，以"成员出资""公积金份额""形成财产的财政补助资金量化份额""捐赠财产量化份额"合计数汇总成员应享有的合作社公积金总额，以"盈余返还金额"和"剩余盈余返还金额"合计数汇总成员全年盈余返还总额。

第二节　农村合作社会计核算制度及其运营

会计核算是农村合作社财务管理的重要内容，是合作社财务运营的重点工作。农村合作社财务管理制度的运营还包括会计核算、财务处理流程管理等。会计核算的内容是指特定主题的资金运动，包括资金的投入、资金的循环与周转、资金的退出三个阶段。资金在上述三个阶段的运动，又是通过一系列的经济事项进行的。农民专业合作社会计核算的内容也是如此，所以其会计核算要求与一般的会计主体有很多共同之处，如记账方法、记账程序、会计年度等；不同的是会计科目的设置和特殊的分配制度等。

一、合作社会计核算制度

农村合作社会计核算制度主要包括对以下几个方面的内容进行规定：会计核算对象、会计核算机构设置、会计科目设置、财务管理信息系统建设和会计核算监管。

（一）会计核算对象

根据合作社法和财会制度的相关规定，农民专业合作社办理营业执照、税务登记证后就应该独立建账核算，建立健全财务管理制度。在现实中，各合作社建账的流程和一般企业相似，但建账时需要额外关注以下事项。一是股东名册需要明确，并根据正确的股东名册设置成员往来、股金和应付盈余返还等明细账；二是确定是否能免税，免税应办理的相关手续，以及涉税时注意和超市及其他公司客户的对接，还有相关税务发票的开具；三是注意生物资产的生产周期、种类和数量等，并开设相关产品物资账及对应明细账。

（二）会计核算机构设置

根据财会制度规定和合作社业务需要，农民专业合作社应配备必要的会计人员。会计机构的规模可以根据合作社的规模和业务繁简程度来确定，农民专业合作社可以像一般企业那样选择设置单独的会计机构，至少包括会计和出纳两人。如农民专业合作社在最开始设置专门的财会部门时，可以包括一名全职出纳和一名兼职会计，随着业务的扩大，可以计划再增加一名或若干名全职会计。如果条件允许的话，合作社的会计人员最好不是理事会、监事会成员及其直系亲属。合作社的会计人员应该持有会计从业资格证书，且每年参加会计人员继续教育培训和各级农经管理部组织的相关培训。

不单独设专门会计机构的，可在合作社中指定会计主管人员完成相关工作。对于不具备条件的，还可以委托类似村组会计、乡镇财务核算中心、代理记账公司等代理记账和核算，但仍需指定专人负责主管会计。

（三）会计科目设置

会计对象是会计所要核算和监督的内容，它涉及面广，内容繁多，为便于会计核算，必须对其做进一步的分类。这种分类，在会计上称为会计要素。会计要素是对会计对象按其经济特征所做的进步分类，它是会计对象的基本组成部分，是建立会计科目和设计会计报表的依据。农村合作社的会计要素由资产、负债、所有者权益、收入、费用和盈余这六项构成。

会计科目是对会计要素对象的具体内容进行分类核算的类目。设置会计科目是对会计对象的具体内容加以科学归类，是进行分类核算与监督的一种方法。合作社财务会计制度设置了 37 个会计科目，划分为资产类(17 个)、负债类(7 个)、所有者权益类(6 个)、成本类(1 个)和损益类(6 个)五大类，详见下表。

表 5-2　农村合作社会计科目表

顺序号	科目编号	科目名称
		一、资产类
1	101	库存现金
2	102	银行存款
3	113	应收款
4	114	成员往来
5	121	产品物资
6	124	委托加工物资
7	125	委托代销商品
8	127	受托代购商品
9	128	受托代销商品
10	131	对外投资
11	141	牲畜(禽)资产
12	142	林木资产
13	151	固定资产
14	152	累计折旧
15	153	在建工程
16	154	固定资产清理
17	161	无形资产
		二、负债类
18	201	短期借款
19	211	应付款

续表

顺序号	科目编号	科目名称
20	212	应付工资
21	221	应付盈余返还
22	222	应付剩余盈余
23	231	长期借款
24	235	专项应付款
		三、所有者权益类
25	301	股金
26	311	专项基金
27	321	资本公积
28	322	盈余公积
29	331	本年盈余
30	332	盈余分配
		四、成本类
31	401	生产成本
		五、损益类
32	501	经营收入
33	502	其他收入
34	511	投资收益
35	521	经营支出
36	522	管理费用
37	529	其他支出

合作社在经营中涉及使用外埠存款、银行汇票存款、银行本票存款、信用卡存款、信用证保证金存款等各种其他货币资金的,可增设"其他货币资金"科目(科目编号109);合作社在经营中大量使用包装物,需要单独对其进行核算的,可增设"包装物"科目(科目编号122);合作社生产经营过程中,有牲畜(禽)资产、林木资产以外的其他农业资产,需要单独对其进行核算的,可增设"其他农业资产"科目(科目编号149),参照"牲畜(禽)资产""林木资产"进行核算;合作社需要分年摊销相关长期费用的,可增设"长期待摊费用"科目(科目编号171)。

(四)财务管理信息系统建设

为了加强农民专业合作社信息化、规范化建设,农业部经管总站从2013年1月开始向全国农民专业合作社免费推广应用"财务管理系统"软件(免费下载地址:中国农民专业合作社网)。软件主要包括财务账务管理、人事工资管理、财务预算管理等七项功能,农民专业合作社的会计核算通过其中的"财务账务管理"模块即可完成。这一软件操作简单,即使合作社没有专业会计人员,根据软件操作说明书也可以一步步完成农民专业合作社的基本会计核算。除了上述免费软件外,市场上还有很多种类似通用软件可供选择。对于有自己特定要求的合作社,也可以开发适合于自己业务特点的专用财务管理信息系统。

当然,规模较小、业务简单的农民专业合作社也可以选择传统的手工会计信息系统。

(五)会计核算监管

根据《会计法》和《农民专业合作社法》,农民专业合作社的会计核算工作接受各级财政部门和农经部门的指导、监督和管理。

1.指导工作

国家财政部门制定统一的合作社财务会计制度,地方各级财政部门制定财务会计制度的实施细则和规定具体表格、文档的编制报送。各级农经部门根据财政部门的规定对合作社的财务会计工作进行指导,督促相关会计人员及时准确地建账、编制会计凭证、登记账簿、编制和报送财务会计报告等,规范会计基础工作,并及时发现问题和提出整改建议。

2.监督工作

各级农经部门应对所辖地区报送的合作社资产负债表、盈余及盈余分配表和成员权益变动表进行审查,然后逐级汇总上报,同时附送财务状况说明书,按规定时间报农业部。同时,各级财政部门和农经部门还要深入基层合作社进行细致调查,全面及时了解合作社会计工作开展情况,加强监督。一方面对国家财政直接补助资金和各种奖励项目的使用情况要进行严密监管;另一方面,还要检查和监督合作社的会计核算和财务管理工作,从而更好地实现合作社合作互助的功能。

3.会计培训工作

缺乏高素质的财会人员,一直是农民专业合作社财务管理水平相对薄弱的一个重要原因。一名优秀的会计人才,不仅能满足会计核算和监督工作的需要,更重要的是能为合作社的管理决策提供有用的会计信息。因此,各级财政和农经部门采取多种方式对合作社财务人员开展广泛的培训,提高其业务素质是很有必要的。培训工作主要包括两个方面:一是职业道德培训,主要是法规政策和相关案例的学习,包括会计法、政府预算法、合作社法和合作社财务会计制度等,从而提高财会人员的职业道德素质,政策理解、执行和应用能力;二是会计业务培训,提高财会人员会计核算能力和会计信息化管理水平。在此同时,各级财政和农经部还要积极为合作社提供财务管理经验交流的平台,如组织财务人员进行实地考察,举办各种农业经济管理会议,建立相关网络论坛和主题社区,使得合作社会计人员可以有多种渠道对财务管理知识和问题进行学习、研究、交流和创新,从而提高财务管理能力和工作效率。

二、合作社会计核算制度的运营

所谓的会计核算制度的运营是指如何执行会计核算制度,制度是如何运行的,采用哪些方法,有哪些程序和需要注意的事项等。

(一)会计核算方法

会计核算方法是对经济业务进行完整、连续和系统的记录和计算,为经营管理提供必要的信息所应用的方法。与其他的经济组织一样,各个农民专业合作社都要按照《农民专业合作社财务会计制度(试行)》的规定,设置和使用会计科目,采用复试记账,填制和审核会计凭证,登记会计账簿,编制会计报表。

1. 会计科目

会计对象是会计所要核算和监督的内容,它涉及面广,内容繁多,为便于会计核算,必须对其做进一步的分类。这种分类别,在会计上称为会计要素。会计要素是对会计对象按其经济特征所做的进一步分类,它是会计对象的基本组成部分,是建立会计科目和设计会计报表的依据。

具体的会计科目已在上一节的表格中列出,详见表5-2。

2.复式记账

复式记账是对每一项经济业务通过两个或两个以上有关账户相互联系起来进行登记的一种专门方法。《农民专业合作社财务会计制度(试行)》规定:合作社的会计记账方法采用借贷记账法。

借贷记账法是用"借"和"贷"作为记账符号的一种复试记账的方法。它以"借"和"贷"作为记账符号,把每个账户结构都划分为"借方""贷方"和"余额"三栏,借方在左,贷方在右,以反映资金的增减变化情况。以"有借必有贷,借贷必相等"作为记账规则,对每项业务以相等金额,同时在两个或两个以上相互联系的账户中进行登记,并进行试算平衡,检查各账户记录是否正确,以提高会计核算质量。

借贷记账法使用的"借""贷"两字有专门的含义,并且其含义因账户性质不同而恰好相反。在资产类、成本费用类账户,"借"表示增加,"贷"表示减少;而在负债及所有者权益类、收入成果类账户,"借"表示减少,"贷"表示增加。如表5-3所示:

表5-3　借贷方向

借	贷
资产的增加	负债的增加
负债的减少	资产的减少
成本费用的增加	收入成果的增加
收入成果的减少	成本费用的减少

3.会计凭证

会计凭证是记录经济业务,明确经济责任,并据以登记账簿的书面证明。为了保证会计记录真实性和合法性,合作社对所反映的经济业务都要做到有根有据,必须取得或填制能证明经济业务内容、数量和金额的凭证,并对凭证进行审核,只有经过审核无误的会计凭证才能作为登记账簿的依据。

会计凭证按其编制程序和用途的不同,可以分为原始凭证和记账凭证两大类。

一是原始凭证,是在经济业务发生或完成时取得或编制的载明经济业务的具体内容、明确经济责任、具有法律效力的书面证明。它是组织会计核算的原始资料和重要依据。各种原始凭证必须具备凭证名称、填制日期、填制凭证单位名称或填制人姓名、经办人员的签字或盖章、接受凭证单位名称、经济业务内容、数量单位金额等内容。原始凭证按其来源不同,可分为外来原始凭证和自制原始凭证两种。外来原始凭证是在经济业务活动发生或完成时,从其他单位或个人直接取得的原始凭证,如增值税专用发票、银行进账单等。自制原始凭证是指内部具体经办业务的部门和人员,在执行或完成某项经济业务时所填制的原始凭证,如销货发票、入库单等。

二是记账凭证,是财会部门根据审核无误的原始凭证或原始凭证汇总表填制,记载经济业务简单内容,确定会计分录,作为记账依据的会计凭证。会计人员应根据审核无误的原始凭证或原始凭证汇总表,填制记账凭证。记账凭证必须具备填制日期、凭证编号、经济业务摘要、会计科目、借贷方向、金额、所附原始凭证张数等,并须由填制、审核、记账、会计主管和出纳人员签名盖章。记账凭证可以按其反映的经济内容不同,采用收款凭证、付款凭证和转账凭证三种。收款凭证用于现金和银行存款收入业务。在发生涉及现金和银行存款之间的收付款业务时,只填制付款凭证,不再填制收款凭证;否则容易产生混乱,并导致重复过账。需要注意的是转账凭证是用于不涉及现金和银行存款收付业务的其他转账业务的记账凭证。

4.会计账簿

会计账簿是以会计凭证为依据,对全部经济业务进行全面、系统、连续、分类地记录和核算的簿籍,是编制会计报表的依据。会计账簿的种类多种多样,按其用途分类,会计账簿包括总账(总分类账)、明细账(明细分类账)、日记账和辅助账(备查簿)。

合作社设置库存现金日记账和银行存款日记账(由出纳人员根据收、付款凭证,按照经济业务完成时间的先后顺序登记,一律采用订本账,库存现金日记账和银行存款日记账的格式相同,基本结构为"借方""货方"和"余额"三笔),总分类账(是按会计科目进行分类登记的账簿,全面、总括地反映和记录经济业务引起的资金运动和财务收支情况)和各种必要的明细分类账(是按明细分类账户进行分类登记的账簿,详细地反映和记录资产、负债、所有者权益、费用、成本和收入、盈余的各种资料,其格式应根据各合作社经营业务的特点和管理需求来确定)。对于不能在日记账和分类账中记录,而又需要查考的经济事项,合作社必须另设备查账簿进行账外登记。

(二)会计核算程序

会计核算程序是从取得原始凭证到编制会计报表的一系列会计核算工作的方法和步骤。每个合作社的账务处理程序不尽相同,但基本模式总是不变的。一般而言,农村合作社可采用的账务处理程序主要有以下三种:

1. 记账凭证账务处理程序

根据记账凭证逐笔登记总分类账,适用于规模较小,经济业务量较少的合作社。采用记账凭证账务处理程序的合作社,一般应设置库存现金日记账、银行存款日记账、总分类账和明细分类账。步骤如下:

(1)根据原始凭证或原始凭证汇总表按不同的经济业务类型分别填制收款凭证、付款凭证和转账凭证;

(2)根据现金收、付款凭证逐笔序时登记现金日记账,根据银行存款收、付款凭证及其所附的银行结算凭证逐笔序时登记银行存款日记账;

(3)根据记账凭证及所附的原始凭证(或原始凭证汇总表)逐笔登记各有关明细分类账;

(4)根据各种记账凭证逐笔登记总分类账;

(5)根据对账的具体要求,将现金日记账、银行存款日记账和各种明细分类账定期与总分类账相互核对；

（6）期末，根据总分类账和明细分类账的有关资料编制会计报表。

2.汇总记账凭证账务处理程序

汇总记账凭证会计核算程序的基本特点是根据记账凭证编制汇总记账凭证，据以登记总账。这种账务处理程序一般适用于规模较大、经济业务量较多的农村合作社。采用汇总记账凭证账务处理程序的合作社，应设置库存现金日记账、银行存款日记账、总分类账和明细分类账。

需要注意汇总收款凭证应根据库存现金和银行存款的收款凭证，分别以两账户的借方设置，并按与两账户对应的贷方账户归类汇总。汇总付款凭证方向相反。库存现金和银行存款之间相互划转的业务，视同汇总转账凭证处理。汇总转账凭证一般按有关账户的贷方分别设置，并以对应科目的借方账户归类汇总，因此，汇总转账凭证只能是一贷一借或一贷多借，而不能相反。其具体程序有以下几点：

（1）根据原始凭证或原始凭证汇总表编制收款、付款和转账凭证；

（2）根据现金、银行存款的收款凭证和付款凭证逐笔登记现金日记账和存款日记账；

（3）根据原始凭证或原始凭证汇总表登记各种明细分类帐；

（4）根据收、付、转三种凭证定期编制汇总收款凭证、汇总付款凭证总转账凭证；

（5）根据汇总收款凭证、汇总付款凭证、汇总转账凭证登记总分类账；

（6）月末，现金日记账和银行存款日记账的余额及各种明细分类账的余额合计数应与总分类账有关账户的余额核对；

（7）月末，分类账与明细分类账资料编制会计报表。

3.科目汇总表账务处理程序

科目汇总表会计核算程序的主要特点是定期编制科目汇总表，并据以登记总分类账。一般适用于经济业务一般的农业合作社。采用这种账务处理程序,对凭证和账簿的要求及记账程序与前两种账务处理程序基本相同。

(1)根据原始凭证编制汇总原始凭证;

(2)根据原始凭证或汇总原始凭证,编制记账凭证;

(3)根据收款凭证、付款凭证逐笔登记现金日记账和银行存款日记账;

(4)根据原始凭证、汇总原始凭证和记账凭证,登记各种明细分类账;

(5)根据各种记账凭证编制科目汇总表;

(6)根据科目汇总表登记总分类账;期末,现金日记账、银行存款日记账和明细分类账的余额同有关总分类账的余额核对相符;

(7)期末,根据总分类账和明细分类账的记录,编制会计报表。

第三节　农村合作社的资产管理及盈余分配

合作社的资产是合作社运营中最重要的组成部分,也是合作社得以发展的物质基础。只有管好合作社的资产,才能保证合作社稳定、健康、快速地发展。

资产是指企业过去的交易或者事项形成的、由企业拥有或者控制的,预期会给企业带来经济利益的资源,包括各种财产、债权和其他权利。这里面包含三层意思。首先,资产必须由企业控制。其次,资产必须能给企业带来经济效益。最后,资产必须具有商业或交换价值。简单地说,资产就是企业能够控制的资源。

合作社的资产管理,就是对合作社各项资源的管理。合作社的资产管理,包括对会计核算的内部控制以及对资产的有效利用。合作社财务制度明确规定,合作社必须根据有关法律法规,结合实际情况,建立健全内部控制制度。资源是能够给合作社带来盈利的物品,合作社能否实现经济效益,能否健康、稳定地发展,取决于合作社如何管理它的资源。良好的合作社资产管理,必须要在合作社资源有限的情况下,尽可能地为合作社创造价值。

一、合作社的资产管理

资产可以分为有形资产和无形资产两大类,其中有形资产又可以分为流动资产和固定资产。流动资产又可以划分为货币资金、应收账款、存货。此外,由于合作社的特殊性,对外投资和农业资产也是合作社资产管理中重要的组成部分。因此,合作社的资产管理就是对上述这些资产的管理。

(一)资产管理的对象

1. 流动资产

流动资产包括货币资金、应收账款和存货。

(1)货币资金。货币资金是合作社资产中流动性最强的资产。根据货币资金存放地点及其用途的不同,可以分为库存现金、银行存款(含其他货币资金)。

(2)应收款。应收款指合作社应收到的款项,既包括合作社与外部单位或个人发生的应收及暂付款项,又包括合作社与其成员发生的应收及暂付款项,前者为外部应收款,后者为内部应收款。

(3)存货。存货指在生产经营过程中持有以备出售,或者仍然处于生产过程中,或者在生产或者在提供劳务过程中将消耗的各种材料、物资等。

2. 固定资产

合作社的房屋、建筑物、机器、设备、工具、器具和农业基本建设设施等劳动资料,凡使用年限在一年以上,单位价值在 500 元以上的均为固定资产。有些主要生产工具和设备,单位价值虽低于规定标准,但使用年限在一年以上的也可列为固定资产。

3. 无形资产

无形资产是指合作社为生产商品或者提供劳务、出租给他人、或为管理目的而持有的、没有实物形态的非货币性长期资产。从形式上看,无形资产包括专利权、非专利技术和商标权等。从来源上看,无形资产,包括外购的无形资产、接受投资转入的无形资产、接受捐赠取得的无形资产和合作社自行开发的无形资产。

(1)专利权。指国家专利主管机关依法授予发明创造专利申请人对其发明创造在法定期限内所享有的专有权利,包括发明专利权,实用新型专利权和外观设计专利权。

(2)非专利技术。也称专有技术,是指不为外界所知,在生产经营活动中应采用了的,不享有法律保护的,可以带来经济效益的各种技术和诀窍。

(3)商标权。指专门在某类指定的商品或产品上使用特定的名称或图案的权利。

4. 对外投资

对外投资是指合作社为通过分配来增加财富或者为谋求其他利益而将资产让渡给其他单位所获得的另一项资产。主要包括货币资金投资、实物资产投资和无形资产投资。

5. 农业资产

合作社会计制度将农产品和收货后加工而得到的产品列为流动资产中的存货,将生物资产中的牲畜(禽)和林木列为合作社的农业资产。由于农业生产的特殊性,农业资产的价值构成与其他资产的价值构成存在明显的差异。因此,农业资产的计量与存货的计量有所区别。

（二）资产的核算及内部控制

1.流动资产的核算及内部控制

（1）货币资金的核算及内部控制。

前面提到货币资金主要包括现金和银行存款，因此，货币资金的核算包括库存现金的核算及银行存款的核算。

一是库存现金的核算。库存现金的核算分为现金收入核算和现金支出的核算。在现金收入核算方面，合作社收入库存现金的主要途径包括从银行提取现金、收取转账起点以下的零星收入款、职工交回的剩余差旅费款、收取对个人的罚款、无法查明原因的现金溢余等，收到现金时，借记"现金"账户，贷记有关账户。在现金支出核算方面，当按照现金开支范围的规定支付现金时，借记有关账户，贷记"现金"账户。其中需要注意现金明细分类核算。为了全面、系统、连续、详细地反映有关现金的收支情况和库存余额，合作社需要设置"现金日记账"，有外币业务的还应按外币币种单设"现金日记账"。明细分类核算时，由合作社出纳人员根据审核无误的收付款凭证，按照业务发生的先后顺序逐日逐笔登记，每日终了时计算现金结余金额，并将结余金额与实际库存现金金额进行核对，保证账款相符。如果发现账款不符，应及时查明原因，并进行处理。月度终了，将"现金日记账"的余额与"现金"总账的余额进行核对，保证账账相符。

【例1】

合作社总经理赵军出差，向合作社预支2000元差旅费，分录为：

借：应收款——赵军2000

贷：库存现金2000

二是银行存款的核算。合作社银行存款的收付及其结存情况通过"银行存款"账户进行会计核算，该账户的借方登记银行存款的增加，贷方登记银行存款的减少，期末余额在借方，反映合作社期末银行存款的余额。合作社应当严格按照有关制度的规定进行银行存款的核算和管理,将款项存入银行或其他金融机构时,借记"银行存款"账户,贷记"现金"等有关账户;提取或支付在银行或其他金融机构中的存款时,借记"现金"等有关账户,贷记"银行存款"账户。为反映有关银行存款收支的情况,合作社应当按照开户银行和其他金融机构等,分别设置"银行存款日记账",由出纳人员根据审核无误的银行存款收付款凭证,按照业务发生的先后顺序逐日逐笔登记。每日终了时应计算银行存款收入合计、银行存款支出合计及结余数,"银行存款日记账"应定期与银行转来的对账单核对相符,至少每月核对一次。有外币业务的,应在"银行存款"账户下分别给人民币和各种外币设置"银行存款日记账",进行明细分类核算。

【例2】

合作社购买打印机一台,共计 1500 元,价款以银行存款支付,分录为:

借:管理费用——办公费 1500

贷:银行存款 1500

(2)应收款项的核算及内部控制。

应收款项是指农民专业合作社与其他单位或个人在经济往来中形成的储权,是合作社应该收取而尚未收到的各种款项,包括应收账款和其他应收款等。合作社的应收款划分为两类:一是合作社与外部单位和个人发生的应收及暂付款,为外部应收款。以"应收款"科目核算,该账户借方登记合作社应收及暂付外部单位和个人的各种款项,贷方登记已经收回的或已转销的应收及暂付款,余额在借方,反映尚未收回的应收款。二是合作社与所属单位和社员发生的应收及暂付款。为内部应收款,以"内部往来"科目核算,"内部往来"是一个双重性质的账户,凡是合作社与所属单位和社员发生的经济往来业务,都通过本账户进行会计核算。该账户借方登记合作社与所属单位和社员发生的各种应收及暂付款项和偿还的各种应付及暂收款项,贷方登记合作社与所属单位和社员发生的各种应付及暂收款项和收回的各种应收及暂付款项。该账户各明细账户的期末借方余额合计数反映合作社所属单位和社员尚欠合作社的款项总额,各明细账户的期末贷方余额合计数反映合作社尚欠所属单位和社员的款项总额。

【例3】

合作社与其内部成员甲之间发生交易,合作社将资产有机肥以2200元的价格出售给张三,成本为2000元,款项尚未收到。与成员之间的交易要按照"成员往来"账户进行核算。分录为:

借:内部往来——张三 2200

贷:经营收入 2200

(3)存货的核算及内部控制。按照合作社实际经营形式,存货可以分为产品物资、委托加工物资、受托代购商品、受托代销商品五个类型,这五个类型相应与五个会计账户对应。在核算存货时,按照合作社类型进行区分,从而使会计核算简洁、明了。需要注意,合作社在生产经营过程中,库存的存货要安排专职的物质保管员管理,建立保管人员岗位责任制,严格出库、入库手续,加强对存货的验收和计量工作,防止火灾、积压、腐烂、盗窃的发生,确保存货的安全性和完整性。处于各环节流通中的存货,同样也要实行保管责任制,具体落实到个人。在每一个年度末期,要对存货进行全面的清查,保证账实相符,对存货出现盘亏、损坏和非正常报废的,责任人要承担相应的责任,甚至做出赔偿。

【例4】

合作社的存货可以分为产品物资、委托加工物资、受托代购商品、受托代销商品五个类型,这五个类型相应与五个会计账户对应。在核算存货时,应当委托外单位对存货进行分类。苹果干的加工,合作社发出苹果10000元,应负担加工费用1000元,路途运输费用500元,以银行存款支付。分录为:

借:委托加工物资 10000

贷:产品物资——苹果 10000

借:委托加工物资——运输费用 500

贷:银行存款 500

借:委托加工物资——加工费用 1000

贷:银行存款 1000

同时,收回委托加工物资以备对外销售,分录为:

借:产品物资 11000

贷:委托加工物质 11000

2.固定资产的核算及内部控制

主要分为购入固定资产、自行建造固定资产、投资者以固定资产投资入股。一是购入固定资产,可以分为需要安装和不需要安装两种。购入需要安装的固定资产,在安装期间要借记"在建工程"科目安装完成后将借记"固定资产",贷记"在建工程"。购入不需要安装的固定资产,直接借记"固定资产"科目即可。需注意的是购入的固定资产不需要安装的,按实际的购买费、包装费和交纳的有关税金等计价,需要安装或改装还应加上安装费或改装费。二是自行建造固定资产,主要通过"在建工程"科目进行核算,在工程完成后借记"固定资产",贷记"在建工程";其中,对于合作社在建工程应按实际消耗的支出或支付的工程价款计价,形成固定资产的在建工程完工交付使用后,计入固定资产,在建工程部分发生报废或者毁损,按规定程序批准后,按照扣除残料价值和过失人及保险公司赔款后的净损失,计入继续施工的在建工程成本。三是投资者以固定资产投资入股,投资者将其固定资产作为资本投入合作社,应当按照投资各方确认的价值,借记"固定资产"科目;按照经过协商、批准的投资者占注册资本的份额计算的资本金额贷记"股金"科目;按两者之间的差额,货记或借记"资本公积"科目。

【例5】

为了方便梨的储存,合作社购买红砖、钢筋、水泥等一批建筑材料,建设合作社的仓库,材料费 100000 元,全部用银行存款支付。在施工过程中,还支付了劳务费 10000 元,在工程完毕后进行支付。工程完工,支付剩余款项并交付使用。

工程施工时,分录为:

借:库存物资 100000

贷:银行存款 100000

借:在建工程 100000

贷:库存物资 100000

借:在建工程 10000

贷:应付款——劳务费 10000

工程完工后,分录为:

借:应付款——劳务费 10000

贷:银行存款 10000

借:固定资产 110000

贷:在建工程 110000

3.无形资产的核算及内部控制

无形资产是指合作社为生产商品或者提供劳务、出租给他人或为管理目的而持有的、没有实物形态的非货币性长期资产。由于没有具体的物品,无形资产的价值很难被计量。在会计上,无形资产的价值是由合作社取得无形资产时发出的注册费、律师费等费用决定的,或者是由第三方机构出具的资产定价凭证决定的。并且,由于无形资产大多具有使用年限,因此,还需要制定摊销规则,对无形资产进行合理的摊销。

【例 6】

合作社在章程中规定,无形资产按 10 年直线摊销,则每年应摊销的价值为 1600 元,每年年终结算时应记录。分录为:

借:管理费用 1600

贷:无形资产 1600

4.对外投资的核算及内部控制

由于对外投资具有一定风险,合作社应当建立对外投资业务的内部控制制度。在对外投资项目内部控制时,应当明确审批人和经办人的权限、程序、责任和相关控制措施。合作社的对外投资业务,应当由理事会提交成员(代表)大会决策,严格实行民主控制。并且,对外投资的收益必须要计入合作社总收益当中,严禁设置账外账、小金库。

【例7】

某合作社以银行存款100000元对某下游企业进行投资,当年获得投资收益10000元。分录为:

借:对外投资 100000

贷:银行存款 100000

借:银行存款 10000

贷:投资收益 10000

5.农业资产的核算及内部控制

合作社农业资产的价值构成与其他资产的价值构成有明显差别,这是因为,生物具有成长期,在成长期间价值会增加,增加的价值就被称为农业资产价值。农业资产价值的计量要包括三部分,首先是原始价值;其次是在成长期间产生的饲养价值、管护价值以及培养价值;最后是摊余价值,反映了农业资产的现价。

【例8】

在养殖过程中,合作社共产生费用包括:应付养牛人员工资2000元,喂牛饲料3000元。分录为:

借:牲畜资产——幼畜及育肥畜——幼畜——牛 5000

贷:应付工资 2000

产品物资——饲料 3000

(三)完善资产管理

作为独立的市场经济主体,农民专业合作社做好资产管理工作,组织好各种财务关系,可以保证合作社生产经营活动的健康运行,增加合作社的盈利水平,提高为成员服务的能力。因此,管好合作社的资产是合作社稳定、健康、快速发展的基石。管好合作社的资产并不是要一味地控制成本,也不意味着为了追求效益结果产生了浪费。由于合作社的资产分为有形和无形两种资产,因此,完善合作社资产管理,应当从以下两方面进行思考。

1.管好合作社的有形资产

(1)要加强固定资产管理的宣传,改变观念,重视管理。固定资产具有很长的使用期限,要强调固定资产管理对合作社长期运营的作用,在管理中既要加大宣传,又要严格标准,责任到人。

(2)良好的资产管理离不开人的执行。充实资产管理人员,提高资产管理人员素质,加强对资产管理人员的职业培训。

(3)完善资产管理制度,制定相应的激励、惩罚机制。为了提高成员对合作社资产管理的效率,要有奖有惩,奖惩有度。

(4)加强内部控制。由于有形资产种类繁多,在内部控制环节有不同的重点。要合理控制流动资产规模,既要防止流动资金规模过大,造成资金的浪费及闲置,又要防止合作社周转资金不足,加剧合作社经营负担;要合理控制对外投资,充分考虑投资风险、投资机会成本以及投资的预期收益,谨慎投资。

(5)在固定资产投资上,要合理规划,因地制宜,减少生产能力的闲置和浪费。要根据本地区区位条件以及合作社自身情况,合理规划合作社未来发展的战略,按部就班扩大产能,不能盲目地增加购置固定资产。

2.建立合作社的品牌

合作社最重要的无形资产是合作社的品牌。合作社的品牌是合作社营销能力的象征,也是合作社农产品质量的具体体现。好的合作社离不开好的产品,好的产品离不开品牌建设。推进合作社品牌建设,既要坚持培育合作社文化,又要提高农产品质量。合作社文化是合作社品牌发展的前提,合作社的文化与成员的参与意识密不可分,最终会影响到成员的农业生产。当前质量安全问题是社会关注的重点,提高农产品质量安全有利于合作社的产品从市场中脱颖而出。

三、合作社的盈余分配

合作社经营所产生的剩余,《农民专业合作社法》称之为盈余。具体而言,盈余是指合作社在一定会计期间内生产经营和管理活动所取得的净收入,即收入和支出的差额。它反映了合作社一段时期内经营管理的成果。区别于一般经济组织,合作社的盈余需要分配给合作社的成员。《农民专业合作社法》第三十七条规定,在弥补亏损、提取公积金后的当年盈余,为农民专业合作社的可分配盈余。

合作社在进行年终盈余分配工作以前,要准确地核算全年收入和支出,清理财产和债权、债务,搞好代购代销和劳务服务合同的结算兑现,结清有关账目,真实完整地登记成员个人账户,确保盈余分配及时兑现,保障盈余分配工作的顺利进行。同时,在做好各项准备工作的基础上,按照《农民专业合作社法》《农民专业合作社财务会计制度(试行)》《农民专业合作社章程》以及成员(代表)大会决议等,编制当年的盈余分配方案,经合作社成员(代表)大会批准后执行。

(一)可分配盈余来源及本年度盈余计算公式

1.可分配盈余的来源

合作社可分配盈余就是合作社收入和支出的差额。之所以会产生盈余,是因为通过合作,可以增加收入,或者降低支出。农业是"小生产""大市场"的行业,小规模的农业生产者只能被动地参与市场,接受市场定价。通过加入合作社,小规模的农业生产者凝聚成一个整体,可以形成规模优势,从而提高销售价格,降低生产资料的购买成本,最终实现合作收益。

2.本年度盈余的计算公式

本年盈余＝经营收益＋其他收入－其他支出

经营收益＝经营收入＋投资收益－经营支出－管理费用

投资收益是指投资所取得的收益扣除发生的投资损失后的数额,包括对外投资分得的利润、现金股利和债券利息,以及投资到期收回或者中途转让取得款项高于账面余额的差额等。投资损失包括投资到期收回或者中途转让取得款项低于账面余额的差额。

(二)可分配盈余的顺序及形式

合作社在进行年终盈余分配工作以前,要准确地核算全年的收入和支出,结清有关账目,核对成员个人账户。合作社的盈余分配要按照一定顺序、一定形式进行。

1.合作社盈余分配的顺序

(1)清偿债务。合作社在盈余分配前需要清偿的债务包括合作社已经到期的借款、本年度发生的代购代销以及劳动服务合同的结算兑现。

(2)弥补亏损。如果往年存在亏损,合作社需要用本年度利润弥补往年亏损。

(3)提取公积金。合作社应当按照合作社章程的规定,按比例从盈余中提取公积金。

(4)盈余返还。合作社在清偿债务、弥补亏损、提取公积金后,剩余的盈余要按成员与本社交易量(额)的比例返还,《农民专业合作社法》第三十七条规定,按交易量(额)比例返还的比例不得低于可分配盈余的60%。

(5)剩余盈余分配。按交易量(额)的比例返还是盈余返还的主要方式,但不是唯一途径。《农民专业合作社法》第三十七条第二款规定,合作社可以根据自身情况,按成员账户中记载的出资和公积金份额,以及本社接受国家财政直接补助和他人捐赠形成的财产平均量化到成员的份额,按比例分配部分盈余。

2.可分配盈余的分配形式

（1）按交易额返还。首先是形式。按交易额返还可以分为事前返还和事后返还。所谓事前返还，是指在成员与合作社发生交易时，合作社就将预期盈余的一部分拿出来，作为价格改善直接返还给消费者。这种价格改善体现在合作社收购成员产品时定价高于市场价。由于事前返还比较明显，成员能直接获得利益，不承担任何风险，所以大多数合作社均采取事前返还的政策。所谓事后返还，是指在合作社清算完盈余之后，将盈余中的一部分，按照每个成员与合作社交易量（额）的比例返还给成员。这两种返还形式在本质上并没有区别，但由于前者在年终结算前，后者在年终结算后，两者的作用及效果完全不同。其次是分配的要求，《农民专业合作社法》第三十七条的规定，无论是事前返还还是事后返还，其总额占可分配盈余的比例不得低于60％。

（2）提取公积金。公积金又称储备金，是农民专业合作社为了巩固自身的财务基础，提高本组织对外信用和预防意外亏损，依照法律和章程的规定，从盈余中积存的资金。《农民专业合作社法》第三十五条规定，农民专业合作社可以按照章程规定或成员代表大会决议从当年盈余中提取公积金。公积金的提取比例由合作社章程或成员代表大会决议决定。

（3）剩余盈余分配。剩余盈余分配的主要形式是按股分红。之所以存在按股分红，是因为在现实中，由于资金稀缺，合作社中必然存在成员出资不同的情况，那么就必须重视成员出资在合作社中的运作和获得盈余中的作用，适当按照出资额进行盈余分配，对成员出资进行激励，可以使多出资的成员获得较多的盈余，从而鼓励成员出资，壮大合作社资金实力。《农民专业合作社法》第三十七条第二款的规定，合作社可以根据自身情况，按成员账户中记载的出资和公积金份额，以及本社接受国家财政直接补助和他人捐赠形成的财产平均量化到成员的份额，按比例分配部分盈余。这一比例不得高于40％。

第四节　农村合作社财务运营的风险控制

像任何企业一样,农村合作社在经营中也面临着风险,风险主要来自三个方面:首先是来自市场的风险,如经营失败造成经济损失;其次是企业内部的管理风险,如泄露商业秘密、虚报或假报账目等;三是突发性危机,例如检测出农产品农药含量超标的退货行为等。在吉林梨树县对金融合作社的调研中,成员最担心的是一旦合作社经营失败了,他们入股的钱怎么办。农业的弱质性、风险的复杂性与外溢性等特性决定了政府必然要介入到农民合作经济组织的风险管理中,而且要以有效的方式介入。

一、风险监管机制的目标

风险监管机制的三大目标是:保护社员利益、减少系统性风险、促进合作社的健康发展。

(一)保护社员利益

虽然合作社是农民自己的组织,但作为投资者,实际上社员无法获得完全的信息。投资者、管理者与成员之间存在严重的信息不对称,而他们所采取的措施又是有限的。因此,对合作社的经营活动和管理活动进行一定控制,有利于保护投资者的利益。

(二)减少系统性风险

系统性风险主要是指农村合作社运行发生困难而导致经营失败后带来的众多农户和区域农业产业萧条的风险。合作社经营失败的风险会产生"多米诺效应",会很快殃及所有的成员。如果合作社的范围涉及的区域很广或者人数规模很大,一旦出现风险就会使整个地区甚至整个行业的农业产业经营崩溃。从而应该把减少系统性风险列为风险监管目标之一。

（三）促进合作社的健康发展

农村合作社作为整个市场经济的一个重要组成部分，对于国民经济的发展起着非常重要的作用。风险监管的最终目标就是通过提高农民的组织化程度，促进合作社的健康发展，促进农业产业化和现代化的实现。

二、农民专业合作社的风险监管制度的内容

农民专业合作社的风险监管由内部监管和外部监管共同组成。

（一）内部监管

内部监管主体是合作社的监事会。监管也包括合作社财务管理情况、利润分配情况、重大事项管理情况等，监管分为：

1.各种账户分别管理

对合作社的三部分财产分别建立账户，包括成员出资、合作社的公积金和国家财政支持，对由于项目开发带来的溢价收入，转做公积金，成员退社不得要求权益；对合作社按农户交易量提出的管理费用建立管理基金，实行严格管理。

2.建立"个人内部资本账户"

《农民专业合作社法》规定合作社的公积金不可分制，因此产生两个财产主体，部分是成员名下的公共财产，另一部分属于合作社的财产，但实际上没有人能真正对这部分财产行使所有权，对此，可以通过将合作社的公共积累分解为零的办法加以解决，即先按成员各自的惠顾额返还，记在成员个人名下，再提取积累，这样形成的积累建立"个人内部资本账户"。"个人内部资本账户"的增值，不得以现金方式提走；个人内部资本账户只享受股息，利率可高于银行存款利率的若干个百分点，不再分红。

3.建立监管制度

包括：监事会监督制度和方法；财务管理制度，建立起经手人、会计、主任和理事长审批的财务管理制度，定期报监事会审核，并向成员公告。

4.财务公开

财务公开的内容包括社内重大事务、财务运作情况、盈余分配情况和成员十分关注的其他事项等。

5.建立风险储备基金

合作社在进行利润分配前要提取一定比例的风险储备基金，用来弥补经营上的亏损和应付突发风险，增强组织的抗风险能力。

6.建立风险保障金

通过商业保险公司建立风险保障金对成员的农业生产进行承保。

7.政府与合作社共建

政府每年从财政中拨出一部分资金，合作社从盈余中拿出一部分资金，共建风险保障金。

8.干部述职评议制度

针对合作社内部人员控制等现象，设立述职评议制度，要求合作社管理人员进行年度、届中、届职评议，并建立相应人员的廉政档案，对合作社制度的具体执行者的廉洁自律情况作全方位监控。

（二）外部监管

外部监督包括政府监督和社会监督。政府监督主要是政府部门对农民专业合作社的监督、检查。社会监督指发挥会计师事务所以及审计机构的作用。

1.政府监管

政府对农民专业合作社的监管方式包括指导、管理和监督三方面的内容：

（1）指导。总的指导原则是"不同类型不同指导"。小规模的经营范围限于本村或者本乡区域内的农村合作社，由乡农经站或者农村经济合作社进行业务指导。对跨乡规模的合作社则根据农业经营的行业特点，由不同的行业主管部门进行技术指导,例如,金融合作社由县人民银行和银监局指导,种植业由农业局指导,养殖业由畜牧局指导等等以此类推。县级供销社进行合作社内部管理运行机制和文化建设的指导。

(2)管理。总的管理原则是"不同规模不同主管"。小规模的经营范围限于本村或者本乡区域内的农村合作社,一般由乡政府进行管理,最适合我国的实际。对跨乡的规模达到县域经济的合作组织则有两种情况,形成公司或企业的,由工商局对其经营活动进行管理;没有形成公司或企业的,则由农业局进行管理。

(3)监督。由县审计局对农民专业合作社的财务管理情况进行审计监督。

2.社会监督

合作社可以聘请会计师事务所以及审计机构定期进行审计。审计部门在审计过程中若发现有影响合作社发展的重大问题应立即通知合作社理事会,并可与其一起解决问题;审计结束后要依据审计的情况形成详细的总结报告,并督促合作社理事会解决问题;理事会要将审计结果通告成员,保证监督审计公开。

第六章　农村合作社的产销运营

本章所提的农村合作社的产销运营是指农村合作社在生产和销售环节的运作和管理。农村合作社成立的初衷一般是为了帮助农民实现农产品促产增销,增加社员的农业收入。因此,产销运营也可以理解为合作社为社员提供服务的环节,而这个环节是合作社履行其职能的重要体现。

第一节　农村合作社的服务

农村合作社自诞生起就是一种具有公益性、服务性的组织,农民加入合作社就是要利用合作社所提供的服务。农村合作社以其成员为主要服务对象,提供农业生产资料的购买,农产品的销售、加工、运输、贮藏以及与农业生产经营有关的技术、信息等服务。在农村合作社发展的初期阶段,大部分合作社本身并不生产实物产品,而是围绕社员农业生产和产品销售提供各类服务。合作社针对农民"想增收、缺技术、盼服务、愁销路"的实际情况,为农户提供生产信息、技术、资料以及农产品加工、销售、金融等一系列涵盖产前、产中、产后的服务,并不断拓展服务领域、增强合作社服务功能,在帮助农民持续增收的同时,也增强了合作社的市场竞争力。

一、与生产要素市场对接的服务

(一)信息服务

随着信息技术不断创新,信息产业持续发展,信息资源成为日益重要的生产要素。农村合作社借助一定技术手段或平台,为社员提供信息服务,帮助农民了解市场动向、掌握更多科学技术知识、接受更多新观念、考虑更多生产影响因素,提高社员经济效益,同时提升合作社自身的综合经营管理水平。

(二)技术服务

合作社通过提供咨询培训、技术引进、指导服务等方式,向社员提供农业种养技术、病虫害防治等服务,不但可以有效解决生产技术缺乏、管理经验不足等问题,也可以严格规范技术流程,提高农产品的质量和科技含量,并为合作社扩大经营规模夯实基础,使合作社的生产经营不断走向规模化、标准化、专业化、规范化。技术服务通常包括:

1. 咨询与培训

合作社通常会根据自身条件和社员特点进行咨询与培训。一是发放农业技术推广资料,合作社从政府部门领取或自行编印农业科技手册、购买相关种养技术书籍供社员学习;二是举办培训班,合作社出面邀请科研院所或政府农业科技部门的专家给社员集中授课,传授种植栽培管理技术、养殖管理技术、病虫害防治技术等;三是技术人员上门指导,通过现场示范和分析农业生产中遇到的问题,传授相关技术,解决生产难题;四是合作社利用电话、视频等现代通讯手段向特聘专家、技术指导人员、种植大户等请教、咨询,及时解决社员生产中遇到的问题;五是组织社员实地考察学习,参观采用先进生产技术、具有较高管理水平的合作社、示范园区,学习先进技术经验。

2. 引进与推广

引进新的生产和管理技术,是提高农产品质量、增强合作社市场竞争力、增加社员收入的有效途径,也是发挥合作社技术服务功能的重要方式。合作社通常会根据市场需求和自身发展规划,通过科研院所、相关企业等渠道引进新品种及其种养技术、新型高效病虫害防治技术等高产品种和先进技术,或者通过承担政府的技术推广项目,进行新品种和新技术的实验、示范、推广。其一般先行实验,经过筛选和比对,成功以后加以示范和推广。

3.生产过程服务

农业生产各环节的技术规范化和服务社会化,能有效降低劳动强度、提升生产专业化程度,提高劳动效率,帮助大量农民从土地上解放出来,实现劳动力的实质性转移。农村合作社通过统一服务流程、统一技术标准、统一播种、统一施肥、统一防治、统一收获等"六统一"服务,实现技术服务进户到田,提高工作质量和效率。

(三)生产资料服务

农村合作社组织社员联合购买生产资料,把原来农民家一户的分散的购买活动变成一种较大规模的统一的经济行为,从而实现空前的规模经济。同时,在合作社有计划的采购和有组织的供应的约束下,社员按照操作规程合理安全地使用种子、化肥、农药、种苗、饲料、兽药等,不但可以防止假冒伪劣的农业生产资料进入生产领域,还有利于控制化肥、农药、兽药的用量,减少滥用造成的农残、兽残危害,提升农产品质量和市场竞争力。农村合作社根据自身需求、经营能力的不同,选择不同的生产资料服务方式。还有一些合作社,尤其是不具备储藏条件的合作社或者规模较小的合作社,则采取与零售商协定优惠价格的方式供应生产资料,社员凭证便可以优惠价格购买。

(四)资金互助服务

我国的农村合作社自成立以来,普遍遇到的一大难题是资金不足,尤其是农民自发组建的合作社面临的资金困境更为严重。党的十八届三中全会通过的《中共中央关于全面深化改革若干重大问题的决定》提出"允许合作社开展信用合作",2014年中央1号文件明确:"发展新型农村合作金融组织。在管理民主、运行规范、带动力强的农村合作社和供销合作社基础上,培育发展农村合作金融,不断丰富农村地区金融机构类型。坚持社员制、封闭性原则,在不对外吸储放贷、不支付固定回报的前提下,推动社区性农村资金互助组织发展。"而在此之前,面对农户的强烈现实需要,已陆续有地方和合作社开展了资金互助试点。在"限于社员内部、限于农业生产、吸股不吸储、分红不分息、风险要可控"的原则指导下,试点合作社利用自身资金和社员闲散资金,主要开展了如下形式的资金互助:

1. 农户信用借款

一些以农民成员为主体、地缘性强、相对封闭的合作社,以熟人社会为基础,充分利用邻里亲友间的信用作为无形的抵押资产,开展资金互助,既解决了农户"闲钱无用、急用无钱"的处境,又保证了资金的安全运营。在合作社基础上开展农村资金互助,具有熟人社会优势和业缘优势。如陕西省渭南市蒲城县忠仁西甜瓜专业合作社,利用合作社盈余和农户资金互助业务的开展,增强了合作社的服务功能,有效地解决了社员发展生产资金紧缺的问题,推动了当地优势产业的发展,增加了农民收入。

2. 农产品信托借款

成员将收获的农产品统一存放到合作社,合作社分别给每个农户开出仓单,标明存货数量,并根据市场价格做出评估,授予成员相应的可贷款信用额度。农户可以在农产品信托期内随时向合作社贷款。成员的贷款额度是有限制的,一般根据农产品产量的多少和质量的高低确定。合作社则分析农产品价格走势,向社员提供农产品市场价格行情,由社员自主决定销售时机,以期获得较好的市场收益。农产品信托相当于农民对农产品进行期货式的理财,在农产品市场价格较低、但又需要现金进行生产、生活时,农户可凭其仓单作为质押取得资金互助社贷款,解决现金缺乏问题,而委托合作社管理和经营的农产品则可以等到市场价格高时再出售,从而保证较高收益。合作社则要求在同等条件下,社员优先与合作社进行农产品交易。农产品信托借款的实质是农产品抵押贷款,通过农产品信托融资制度的安排,农民可在较长时间范围内选择销售时机。

为了满足社员的资金需求,一些合作社还通过其他方式为社员提供资金服务。如很多合作社都曾在社员向金融机构贷款时提供过担保服务;也有一些合作社建立了贷款联保小组,以联保小组的名义为社员融资;还有些合作社为社员开展股权质押借款、抵押借款等形式的金融服务。

（五）土地服务

土地托管,就是在不改变土地集体所有制的性质、不改变土地承包关系及土地用途、不改变农产品归属权的前提下,由合作社为农户提供从种到管再到收、从技术信息到物资供应再到加工销售的全程服务,即涵盖产前、产中、产后的全程"保姆式"服务。土地托管的实质是"农业生产托管",是为农户提供农业生产经营的社会化服务。土地托管既不直接触动农民的土地承包权,减少了农民对失地的担心,又能够有效促进农村富余劳动力的转移,而且通过土地托管农民所得的收益也比简单土地流转要多。土地托管通过规模化、专业化、机械化生产,能降低生产成本。水电设施投入的降低,同时还实现规模化程度的提高,机械效率的提高,科技兴农水平的提高,劳动生产率的提高,以及农民转移就业整定性的提高。由合作社提供土地托管服务后使农民从土地中解放出来,安心外出务工经商或就地转移从事二、三产业,增加了非农收入,也进一步促进了土地规模经营。土地托管实现了农户、合作社的互利共赢,提高了粮食产量,增加了农民收入。目前常见托管模式有：

1."全托"型

也称为全程托管。主要是常年外出打工或无劳动能力的农户,将土地委托合作社全权管理,合作社实行从种到收全程服务。全程托管又可分为收益型全托和服务型全托两种。收益型全托是指,农民将土地委托合作社全权管理,合作社每年给农民定额的租金或分红。服务型全托是产前、产中、产后的"一条龙"服务模式,合作社收取服务费,并向农户保证达到定额的产量。

2."半托"型

也称为菜单式托管。一些季节性在外打工、家庭劳动力不足或缺少技术的农户,根据合作社提供的各环节的服务,按照自己的实际需要,自愿选择服务项目,并在服务结束后验收作业质量,结算服务费用。

3.土地流转服务

我国农户生产经营的最大特点是小规模,户均耕地不足 10 亩。近些年来,随着农业现代化进程的加快,农业的规模化经营已经成为一种不可逆转的趋势。小农户在发展现代农业的过程中探索了实现规模经营的多种形式,其中之一便是土地流转。与社员自己去寻找土地转出者进行流转相比,由合作社出面替社员将非社员的土地流转入合作社通常具有"大面积、连成片、易开发、较稳定、更可信"的优势,更容易实现农业的规模经营。

二、与农产品市场对接的服务

(一)加工服务

开展农产品加工服务,延长产业链条,是发展壮大合作社、提高合作社带动能力,增强合作社服务功能的重要措施。合作社为社员提供农产品加工服务,一方面告别了过去单纯提供农业生产相关服务的状态,实现了向产业链下游的突破,增强了合作社的生命力;另一方面能够从新开拓的加工、销售等业务中得到更多利润,增加社员收益,从而吸引更多农户入社。此外,在增强合作社服务功能的同时,也为合作社进一步拓展服务内容与领域积累了经验与资本。据测算,经加工后,粮食可增值 1~4 倍,棉花可增值 2～4 倍,果品蔬菜可增值 1～10 倍。

(二)销售服务

分散的农户在保持独立的财产主体和经营主体的前提下,通过合作社提供的农产品销售服务,降低了单位农产品的销售成本,提高了在市场谈判中的议价能力,保障了自身的经济利益。在实际中,合作社各显神通,采取多种多样的农产品销售方式。大部分合作社采用"先收购或集中,再批发或零售"的传统方式来服务农户。

(三)仓储、保鲜、运输服务

还有一些合作社,利用自身的资金、场地,建立了仓库、冷库,甚至用于农产品运输的车队,既为社员提供专业的仓储服务,减少了储藏过程中的损失,又延长了产业链,节约了成本,增加了社员收益。

三、其他服务

(一)支农项目执行载体

党的十八届三中全会通过的《中共中央关于全面深化改革若干重大问题的决定》明确提出"允许财政项目资金直接投向符合条件的合作社,允许财政补助形成的资产转交合作社持有和管护"。首先,这表明所有财政支持的农业项目都可以直接投放到符合条件的合作社。随着财政投入到农业领域的项目越来越多,合作社能够得到的补助也会日益增加。其次,财政补助形成资产的所有权是国家的,合作社可以成为其管理者和使用者,这就大大增加了合作社实际占有的资产数额,从而大幅提升合作社为社员服务的能力。

(二)农村社会治理

合作社治理是农村治理的一种方式,构成农村治理的重要内容。传统的合作社主要涉足经济领域,但由于其成员既是专业户也是村民,成员身份的多重性决定了合作社的运行轨迹并非只停留在经济领域或合作社本身,必然要拓展到经济以外,延伸到农村生活的各个领域,在社会、政治、文化等各个方面留下自己的印记,从而拓展了合作社的服务功能和空间。通过合作社的组织性和职业性实践活动,一方面,可以培养社员的契约意识、法制观念和敬业诚信的价值观等;另一方面,可以提升社员的参与能力、合作能力、组织管理能力以及社会交往能力等,并通过合作社、农村这些熟人社会组织内部相互间的熏染,使社员、村民的整体素质得到提升,进而使农村治理不断改善。

（三）设施设备维修管护服务

一些发展比较好、有实力的合作社,利用自身技术优势和规模优势,为社员提供农机等设备的保管、维修、养护服务,在节省社员开支的同时,让社员在家门口就享受到专业的服务,减少社员的担忧。

近些年,我国农村合作社的发展如雨后春笋,出现了一批经营规模大、内在实力强的合作社。然而,从全国农村合作社的整体发展情况来看,规范性强、发展质量高的合作社并不多见,合作社在服务提供方面还存在诸多问题,突出表现为:服务意识不强、服务能力偏弱、服务环节不均衡等。为此,政府需要加强引导与服务,加大政策扶持与优惠。合作社自身要苦修内功,加强内部各方面能力建设,提高运营管理能力,要找准突破点促进自身全面发展,提高对各方面资源的整合利用能力,不断提高服务能力、服务质量。

第二节　农业标准化生产及农产品质量认证

促进农业结构调整和产业化发展的重要技术基础就是实现农业标准化生产。实现标准化是现代化农业的重要标志,是规范农业生产、保障消费安全、促进农业经济发展的有效措施。

产品质量认证是商品经济发展到一定阶段的产物,目前已成为世界各国对产品进行公平评价和市场监督的通行做法。做好产品质量认证是开拓市场、增强市场竞争力的重要手段。对农民专业合作社来说,获得农产品的质量认证十分重要,是提高农产品的市场竞争力和走向国际市场的重要环节。

一、农业标准化生产

(一)农业标准化生产的内涵

农业标准化,是以农业为对象的标准化活动,运用"统一、简化、协调、选优"的原则,通过制定和实施标准,使农业产前、产中和产后各个环节实现标准化、系统化,提高农业新技术的可操作性。农业标准化的过程,就是运用现代科技成果改造传统农业的过程,是以现代工业理念谋划和建设现代农业的过程。

农业标准化是一项系统工程,这项工程包括农业标准体系、农业质量监测体系和农产品评价认证体系等基础的建设。

(1)农业标准体系。农业标准体系是指围绕农、林、牧和蔬菜、水产业等制定的以国际、国家标准为基础,行业标准、地方标准和企业标准相配套的产前、产中、产后全过程系列标准。与农产品质量标准为核心,与农业先进实用技术标准、现代设施农业标准、检测方法标准和管理标准相配套,形成的农业标准信息网络。标准体系是基础中的基础,只有建立健全涵盖农业生产的产前、产中、产后等各个环节的标准体系,农业生产经营才有章可循、有标可依。

(2)农业质量监测体系。农业质量监测的对象是农业投入品质量和农产品质量。农业投入品包括农药(兽药、渔药)、化肥、饲料、添加剂、种子(种苗、鱼苗、仔畜)、农业机械等农用生产资料。质量监测的内容包括三个方面:一是假冒产品;二是质量不合格产品;三是毒性大、残留量高等不宜在农业生产中使用的产品。农产品包括农业、水产业、畜牧业、林果业的产品、副产品及其初加工品。质量监测的内容主要有两个方面：一是假冒品牌的产品，二是农药（兽药、渔药）残留、重金属、亚硝酸盐、瘦肉精等对人体有毒有害物质超标的农产品。当前，大宗农产品品牌化程度还比较低，农产品质量监测的重点主要是农产品的安全卫生水平。质量监测体系是保障，它为有效监督农业投入品和农产品质量提供科学的依据。

（3）农产品评价认证体系。我国农产品认证主要以无公害农产品认证、绿色食品认证和有机产品认证为主，此外还有ISO22000认证、GAP认证和饲料产品认证、绿色市场认证等形式。无公害农产品和绿色食品是在人民生活水平较低阶段，政府为保障人民基本健康，以全面提高我国农产品质量安全卫生水平为核心，以农产品质量标准体系和质量体系建设为基础的认证，具有明显的中国特色认证。有机产品认证是符合国际规范、与国际接轨的认证，具有自愿性、非歧视性和互认性。在实施农产品认证过程中，要求企业建立质量管理体系并有效运行，对农产品的产地环境条件及设施配备、人员能力、生产技术和产品检验等过程实施质量控制，从而规范企业的生产行为，促进农产品质量和管理水平的提高。产品评价认证体系是评价农产品状况、监督农业标准化进程、促进品牌、名牌战略实施的重要基础体系。

三大基础体系是密不可分的有机整体，互为作用，缺一不可。农业标准化工程的核心工作是标准的实施与推广，是标准化基地的建设与蔓延，由点及面，逐步推进，最终实现生产的基地化和基地的标准化。

（二）农业标准化生产的步骤

农业标准化生产的开展可以遵循如下六个步骤：

1.进行策划

策划的主要目标是根据市场需求和合作社的现状与发展目标，确立合作社农业生产过程标准体系建设的基本目标和实施步骤。农业生产过程标准化体系建设的目标要建立在市场调查和信息收集的基础上，进行科学决策。市场调查主要包括合作社目标市场的需求情况、竞争对手情况、社会经济环境等。信息收集主要是一些相关国家、行业、地方国家标准(包括农产品标准、食品安全卫生标准、农业投入品限量标准、人身健康安全标准等)。

2.标准制定与修订

根据策划的结果,制定合作社的农业生产过程标准。在标准的制定过程中要特别注意:与现行国家、行业、地方标准的衔接配套;从标准体系设计的角度开展标准制定活动;合作社生产过程标准应根据技术、市场变化及国家、行业、地方标准的变化及时修订。

3.准备阶段

在实施标准化工作以前,要做好各项准备。一是思想准备,使参与方了解实施标准的重要意义和作用,自觉运用标准、执行和维护标准;二是组织准备,加强对实施标准工作的领导,应根据工作量大小,组成由主要领导牵头、农技人员组成的工作组,或设置专门机构,负责标准的贯彻和实施;三是技术准备,包括制作宣传、培训材料,培训参与方;制定相关岗位工作规程(作业指导书);对关键技术的攻关;必要时,开展实施试点工作;四是物资准备,包括所需要的设备、仪器、工具、农业生产资料等。

4.试点阶段

农业标准在全面实施前,可根据需要,选择有代表性的地区和单位进行贯彻标准试点。试点时可采取"双轨制",即试点合作社与未试点合作社相互比较,积累数据,取得经验,为全面贯彻标准创造条件。

5.全面实施阶段

在试点成功后,可进入全面实施阶段。全面实施过程中要特别强调在生产各环节均应做到,有标可依,严格执行标准,在实施中进一步强化执行标准的观念。

6.总结改进阶段

通过对标准实施过程中所遇到的困难及解决的方法进行总结,进一步提高标准的可行性和适用性。另外,还要对标准实施管理体系进行总结,提出改进计划,落实改进措施。

二、农产品质量认证

农产品质量认证主要指"三品一证"认证,包括无公害农产品认证、绿色食品认证、有机食品认证和农产品地理标志认证。

（一）无公害农产品认证

1. 无公害农产品定义

无公害农产品是指产地环境符合无公害农产品的生态环境质量,生产过程采用安全的生产技术,符合规定的农产品质量标准和规范,有毒有害物质残留量控制在安全质量允许范围内,安全质量指标符合《无公害农产品(食品)标准》的农、牧、渔产品(食用类,不包括深加工的食品),经专门机构认定,许可使用无公害农产品标识的产品。

2. 无公害农产品认证流程

无公害农产品认证采取产地认定与产品认证相结合的方式,产地认定主要解决产地环境和生产过程中的质量安全控制问题,是产品认证的前提和基础,产品认证主要解决产品安全和市场准入问题。无公害农产品产地认定与产品认证审批事项是对申报种植业、省牧业无公害农产品产地认定与产品认证项目进行审核,审核其产地环境、生产过程、产品质量是否符合农业部无公害农产品相关标准和规范的要求。

无公害农产品认证的申请流程主要包括以下六个环节:

（1）省农业行政主管部门组织完成无公害农产品产地认定（包括产地环境监测）,并颁发《无公害农产品产地认定证书》。

（2）省级承办机构接收《无公害农产品认证申请书》及附报材料后,审查材料是否齐全、完整,核实材料内容是否真实、准确,生产过程是否有禁用农业投入品使用不规范的行为。

（3）无公害农产品定点检测机构进行抽样、检测。

（4）农业部农产品质量安全中心所属专业认证分中心对省级承办机构提交的初审情况和相关申请材料进行复查，对生产过程控制措施的可行性、生产记录档案和产品（检测报告）的符合性进行审查。

（5）农业部农产品质量安全中心根据专业认证分中心审查情况，组织召开"认证评审专家会"进行最终评审。

（6）农业部农产品质量安全中心颁发认证证书、核发认证标志，并报农业部和国家认监委联合公告。

3.相关提示

无公害产品认证申请人可以从中心、分中心或所在地省级无公害农产品认证归口单位领取，或者从中国农业信息网下载《无公害农产品认证申请书》及有关资料。

在上述第二个环节中，申请人可以直接或者通过省级无公害农产品认证归口单位向申请认证产品所属行业分中心提交以下材料（一式两份）：

（1）《无公害农产品认证申请书》；

（2）《无公害农产品产地认定证书》（复印件）；

（3）产地《环境检验报告》和《环境现状评价报告》（2年内的）；

（4）产地区域范围和生产规模；

（5）无公害农产品生产计划；

（6）无公害农产品质量控制措施；

（7）无公害农产品生产操作规程；

（8）专业技术人员的资质证明；

（9）保证执行无公害农产品标准和规范的声明；

（10）无公害农产品有关培训情况和计划；

（11）申请认证产品上个生产周期的生产过程记录档案（投入品的使用记录和病虫草鼠害防治记录）；

（12）"公司＋农户"形式的申请人应当提供公司和农户签订的购销

合同范本、农户名单以及管理措施；

（13）要求提交的其他材料（详见种植业、畜牧业、渔业产品认证申请书）。

（二）绿色食品认证

1.绿色食品定义

绿色食品并非指颜色是绿色的食品，而是中国对无污染的、安全的、优质的、营养类食品的总称。绿色食品必须符合以下条件：产品或产品原料产地必须符合绿色食品生态环境质量标准；农作物种植、畜禽饲养、水产养殖及食品加工必须符合绿色食品生产操作规程；产品的包装、贮运必须符合绿色食品包装贮运标准；产品必须符合绿色食品标准。从标准上看，我国的绿色食品分为 A 级和 AA 级两个级别，A 级绿色食品是 AA 级绿色食品的过渡产品。绿色食品标志是由中国绿色食品发展中心在国家工商行政管理总局商标局正式注册的质量证明标志，用以标识、证明无污染的安全、优质、营养类食品。

2.绿色食品认证流程

农村合作社申请绿色食品认证的相关程序如下：

（1）认证申请。申请人向中国绿色食品发展中心（以下简称"中心"）及其所在省（自治区、直辖市）绿色食品办公室、绿色食品发展中心（以下简称"省绿办"）领取《绿色食品标志使用申请书》《企业及生产情况调查表》及有关资料，或从中心网站下载这些资料。申请人填写并向所在省绿办递交《绿色食品标志使用申请书》《企业及生产情况调查表》及以下材料：保证执行绿色食品标准和规范的声明，生产操作规程（种植规程、养殖规程、加工规程），对"基地＋农户"的质量控制体系（包括合同、基地图、基地和农户清单、管理制度），产品执行标准，产品注册商标文本（复印件），营业执照（复印件），企业质量管理手册，要求提供的其他材料（通过体系认证的，附证书复印件）。

（2）受理及文审。省绿办收到上述申请材料后，进行登记、编号，5 个工作日内完成对申请认证材料的审查工作,并向申请人发出《文审意见通知单》,同时抄送中心认证处。申请认证材料不齐全的,要求申请人收到《文审意见通知单》后10个工作日内提交补充材料。申请认证材料不合格的,通知申请人在本生长周期内不再受理其申请。

(3)现场检查、产品抽样。省绿办应在《文审意见通知单》中明确现场检查计划,并在计划得到申请人确认后委派2名或2名以上检查员进行现场检查。检查员根据《绿色食品检查员工作手册(试行)》和《绿色食品产地环境质量现状调查技术规范(试行)》中规定的有关项目进行逐项检查。每位检查员单独填写现场检查表和检查意见。现场检查和环境质量现状调查工作在5个工作日内完成,完成后于5个工作日内向省绿办递交现场检查评估报告和环境质量现状调查报告及有关调查资料。现场检查合格,可以安排产品抽样。凡申请人提供了近1年内绿色食品定点产品监测机构出具的产品质量检测报告,并经检查员确认,符合绿色食品产品检测项目和质量要求的,免产品抽样检测。现场检查合格,需要抽样检测的产品安排产品抽样。

(4)环境监测。绿色食品产地环境质量现状调查由检查员在现场检查时同步完成。经调查确认,产地环境质量符合《绿色食品产地环境质量现状调查技术规范》规定的免测条件,免做环境监测。根据《绿色食品产地环境质量现状调查技术规范》的有关规定,经调查确认,有必要进行环境监测的,省绿办自收到调查报告2个工作日内,以书面形式通知绿色食品定点环境监测机构进行环境监测,同时将通知单抄送中心认证处。定点环境监测机构收到通知单后,于40个工作日内出具环境监测报告,连同填写的《绿色食品环境监测情况表》,直接报送中心认证处,同时抄送省绿办。

(5)产品检测。绿色食品定点产品监测机构自收到样品、产品执行标准、《绿色食品产品抽样单》检测费后,于20个工作日内完成检测工作,出具产品检测报告,连同填写的《绿色食品产品检测情况表》,报送中心认证处,同时抄送省绿办。

(6)认证审核。省绿办收到检查员现场检查评估报告和环境质量现状调查报告后,于3个工作日内签署审查意见,并将认证申请材料、检查员现场检查评估报告、环境质量现状调查报告及《省绿办绿色食品认证情况表》等材料报送中心认证处。中心认证处收到省绿办报送材料、环境监测报告、产品检测报告及申请人直接寄送的《申请绿色食品认证基本情况调查表》后,进行登记、编号,在确认收到最后一份材料后的2个工作日内下发受理通知书,书面通知申请人,并抄送省绿办。中心认证处组织审查人员及有关专家对上述材料进行审核,于20个工作日内作出审核结论。审核结论为"有疑问,需现场检查的,中心认证处在2个工作日内完成现场检查计划,书面通知申请人,并抄送省绿办。得到申请人确认后,于5个工作日内派检查员再次进行现场检查。审核结论为"材料不完整或需要补充说明"的,中心认证处向申请人发送《绿色食品认证审核通知单》,同时抄送省绿办。申请人需在20个工作日内将补充材料报送中心认证处,并抄送省绿办。审核结论为"合格"或"不合格"的,中心认证处将认证材料、认证审核意见报送绿色食品评审委员会。

(7)认证评审。绿色食品评审委员会自收到认证材料、认证处审核意见后10个工作日内进行全面评审,并作出认证终审结论。认证终审结论分为两种情况:认证合格或认证不合格。结论为"认证合格"的,颁发认证证书;结论为"认证不合格"的,评审委员会秘书处于作出终审结论2个工作日内,将《认证结论通知单》发送申请人,并抄送省绿办。本生产周期内不再受理其申请。

(8)颁证。中心在5个工作日内将办证的有关文件寄送认证合格的申请人,并抄送省绿办。申请人在60个工作日内与中心签订《绿色食品标志商标使用许可合同》,由中心主任签发证书。

3.相关提示

通过绿色食品认证的产品可以使用统一格式的绿色食品标志,有效期为3年,时间从通过认证获得证书当日算起,期满后,生产企业必须重新提出认证申请,获得通过才可以继续使用该标志,同时更改标志上的编号。从重新申请到获得认证为期半年,这半年中,允许生产企业继续使用绿色食品标志。如果重新申请没能通过认证,企业必须立即停止使用标志。另外,在3年有效期内,中国绿色食品发展中心每年还要对产品按照绿色食品的环境、生产及质量标准进行检查,如不符合规定,中心会取消该产品使用标志。

(三)有机食品认证

1.有机食品的定义

有机食品是指生产、加工、销售过程符合有机产品国家标准的供人类消费、动物食用的产品,来自有机农业生产体系的食品。有机农业是指一种在生产过程中不使用人工合成的肥料、农药、生长调节剂和饲料添加剂的可持续发展的农业,它强调加强自然生命的良性循环和生物多样性。有机食品认证机构通过认证证明该食品的生产、加工、储存、运输和销售点等环节均符合有机食品的标准。有机食品认证范围包括种植、养殖和加工的全过程。

2.有机食品认证的流程

目前有机认证机构众多,一些认证机构只要收钱就可以出具有机认证资格证书,严重扰乱了有机食品市场的正常秩序,相关部门正在清查。因此,合作社在选择有机食品认证机构时一定要注意核实,该认证机构是否经过中国国家认证认可监督管理委员会(CNCA)、中国合格评定国家认可委员会等权威部门认可,具有正式批准号等。有机食品认证的流程一般包括以下几个方面:

(1)申请。申请人先登录认证部门网址的账号,如农业部主管的中绿华夏有机食品认证中心(COFCC)的网址:www.fcc.org.cn,下载并填写《有机食品认证申请书》和《有机食品认证调查表》,下载《有机食品认证书面资料清单》并按其要求准备相关材料;然后提交《有机食品认证申请书》《有机食品认证调查表》以及《有机食品认证书面资料清单》要求的文件,提出正式申请;之后按《国家标准:有机产品》第四部分的要求,建立本企业的质量管理体系、质量保证体系的技术措施和质量信息追踪及处理体系。

(2)文件审核。认证中心对申请人的申报材料进行合同评审和文件审核。审核合格后,认证中心根据项目特点,依据认证收费细则,估算认证费用,向企业寄发《绿色食品申请受理通知书》《有机食品认证检查合同》(简称《检查合同》)。若审核不合格,认证中心通知申请人且当年不再受理其申请。申请人确认《绿色食品申请受理通知书》后,与认证中心签订《检查合同》。之后申请人根据《检查合同》的要求交纳相关费用以保证认证前期工作的正常开展。

(3)实地检查。申请者寄回《检查合同》及缴纳相关费用后,认证中心派出有资质的检查员,从认证中心取得申请人的相关资料,依据《有机产品认证实施规则》的要求,对申请人的质量管理体系、生产过程控制、追踪体系,以及产地、生产、加工、仓储、运输、贸易等进行实地检查评估。必要时,检查员需对土壤、产品抽样,由申请人将样品送交指定的质检机构检测。

(4)撰写检查报告。检查员完成检查后,在规定时间内,按认证中心要求编写检查报告,并提交给认证中心。

(5)综合审查评估意见。认证中心根据申请人提供的申请表、调查表等相关材料以及检查员的检查报告和样品检验报告等进行综合评审,评审报告提交颁证委员会。

(6)颁证决定。颁证委员会对申请人的基本情况调查表、检查员的检查报告和认证中心的评估意见等材料进行全面审查,作出同意颁证、有条件颁证、有机转换颁证或拒绝颁证的决定。证书有效期为1年。

(7)颁证决定签发。颁证委员会作出颁证决定后,中心主任授权颁证委员会秘书处(认证二部),根据颁证委员会作出的结论,在颁证报告上使用其签名章,签发颁证决定。

(8)有机食品标志的使用。根据证书和《有机食(产)品标志使用章程》的要求,签订《有机食(产)品标志使用许可合同》,并办理有机或有机转换标志的使用手续。

(四)农产品地理标志登记

农产品地理标志,是指标示农产品来源于特定地域,产品品质和相关特征主要取决于自然生态环境和历史人文因素,并以地域名称冠名的特有农产品标志。

根据《农产品地理标志管理办法》规定,农业部负责全国农产品地理标志的登记工作,农业部农产品质量安全中心负责农产品地理标志登记的审查和专家评审工作。省级人民政府农业行政主管部门负责本行政区域内农产品地理标志登记申请的受理和初审工作。农业部设立的农产品地理标志登记专家评审委员会负责专家评审。

申请农产品地理标志登记保护应当符合下列五个条件:

1.称谓由地理区域名称和农产品通用名称构成。

2.产品有独特的品质特性或者特定的生产方式。

3.产品质量和特色取决于独特的自然环境和人文历史因素。

4.产品有限定的生产区域范围。

5.产地环境、产品质量符合国家强制性技术规范要求。

农产品地理标志登记保护申请人由县级以上地方人民政府择优确定,应当是农民专业合作经济组织、行业协会等服务性组织,并满足下列三个条件:

1.具有监督和管理农产品地理标志及其产品的能力。

2.具有为地理标志农产品生产、加工、营销提供指导服务的能力。

3.具有独立承担民事责任的能力。

农产品地理标志是国家重要的自然资源和人文资源,属于地域性资源公权,企业和个人不能作为农产品地理标志登记保护申请人。

第三节　农产品市场营销

市场营销是农村合作社发展壮大的关键,也是实现农民增产增收最为重要的环节。通过进行农产品市场营销,可以满足消费需求,促进农民增收,有效指导合作社农业产业结构调整,同时扩大就业。因此,掌握市场营销,将产、销有效结合运营,是整个农村合作社可持续运营和发展的重要环节。

一、农产品市场营销的基本知识

(一)农产品市场营销的定义

农产品市场营销是指为了满足人们的需求而实现农产品潜在交换的过程,包括市场调查、产品定价、产品促销、产品储运、产品销售等一系列经营活动,涵盖了农产品生产、流通和交易的全过程。农产品市场营销的根本任务就是将生产出来的产品以最合理的价格通过流通销售给消费者,从而解决生产与消费的矛盾,实现社会效益最大化。所以,农产品市场营销要求农产品生产经营者不仅要研究人们的现实需求,更要研究人们对农产品的潜在需求,并创造需求。

(二)农产品市场营销的方式

农产品市场营销的方式主要包括现货交易和期货交易。

1. 现货交易

现货交易就是卖方对农产品的所有权和使用权与买方对货币(有时也可能是其他商品)的所有权和使用权在时间上同时发生转移的交易,是最直接和最常见的交易方式。

2.期货交易

期货交易是指付出少量保证金,在将来的某一确定日期、某一地点交割既定数量和品质的农产品并结清货款的交易,是大宗农产品交易的主要方式。

二、市场营销的实务操作

农产品市场营销就是围绕目标市场需求的变化,综合地运用各种营销战略与策略,通过比竞争对手更加有效地满足目标市场的需求来实现销售利润。这就要求农村合作社充分运用现代市场营销的市场调研、市场细分、市场优先、市场定位、产品策略、价格策略、渠道策略、促销策略等策略、方法。

农村合作社必须对农产品消费需求进行深入调查和细致研究,通过市场研究,发掘潜在需求,捕捉市场机会,根据一些细分变量来分割市场,进行比较、评价,选择其中一部分作为自己服务的目标市场,针对它的需求特点开发适宜的产品,制定合适的价格、渠道、促销策略,实现产品销售的既定目标。由于农业是弱质产业,比较利益低下,资金紧张,农村合作社一般难以进行大规模的宣传和促销,往往还要依靠"政治权利"和"公共关系"。

(一)市场调研

农村合作社需要因时而变,推动农产品市场营销的创新,即从传统观念转到以市场需求为中心的现代市场营销观念上来,变"生产什么,消费什么"为"市场需要什么,我才生产什么""市场上需要什么档次的产品,我才生产销售什么档次的产品",实现种得好、卖得俏、销得多、农民收入提高的目的。这就需要对市场进行调研,了解市场需求。不同城市的农产品市场有不同的特点,不同城市的居民也有着不同的消费习惯。农产品市场营销必须提前做好市场调研,对市场进行细分,实行目标市场营销,只有这样才能做到有的放矢。

1.市场调研的内容

一般而言,合作社市场调研的内容主要包括以下几个方面:

(1)市场环境调研

合作社在开展经营活动之前,在准备进入一个新开拓的市场时,要对市场环境进行调查研究。市场环境主要包括:

①经济环境。经济环境主要包括地区经济发展状况、产业结构状况、交通运输条件等。经济环境是制约合作社生存和发展的重要因素,了解本地区市场范围内的经济环境信息,能够为合作社扬长避短,发挥经营优势并进行经营战略决策提供重要依据。

②自然地理环境和社会文化环境。商业企业经营的许多商品都与自然地理环境有密切的关系,而农村合作社更是由于农业生产的自然性,其产品生产和经营受气候季节、自然条件的制约尤为突出。另外,有些产品生产与经营还将受到当地生活传统、文化习惯和社会风尚等社会文化条件的影响。

③竞争环境。竞争环境调研就是对合作社竞争对手的调查研究。调查竞争对手的经营情况和市场优势,目的是采取正确的竞争策略,与竞争对手避免正面冲突、重复经营,而在经营的品种、档次及目标市场上有所区别,形成良好的互补经营结构。

(2)产品调研

产品是合作社经营活动的主体,根据市场变化,调整合作社经营结构,减少资金占用,提高经济效益。产品调研主要包括:

①了解本合作社的产品质量情况,防止伪劣产品进入市场,同时还可以考察合作社经营的产品品种型号是否齐全、货色是否适销对路、存储结构是否合理、选择的产品流转路线是否科学合理等。

②产品的市场生命周期。任何一种产品进入市场,都有一个产生、发展、普及、衰亡的过程,即产品的市场生命周期。合作社在市场调研中,要理解自己的产品处于其市场生命周期的哪个阶段,以便按照产品

生命周期规律,及时调整经营策略,改变营销重点,取得经营上的主动权,立足于市场竞争的不败之地。

③产品成本、价格。通过对市场上类似产品价格变动情况的调研,可以了解价格变动对产品销售量影响的准确信息,面对市场变化做到心中有数,继续做好产品销售。

(3)消费者调研

农村合作社面对的主要是消费者市场。消费者市场是由最活跃、也是最复杂多变的消费者群体构成的。合作社的销售活动没有消费者参与就不能最终实现产品流通的全过程,因此合作社在市场调研中应将消费者作为调研的重点内容。消费者调研的主要内容包括:

①消费者规模及其构成。具体包括消费者人口总数、人口分布、人口年龄结构、性别构成、文化程度等。

②消费者家庭状况和购买模式。具体包括家庭户数和户均人口、家庭收支比例和家庭购买模式(家庭中的不同角色承担着不同的购买决策职责)。家庭是基本的消费单位,许多商品都是以家庭为单位进行消费的。了解消费者的家庭状况,就可以掌握相应产品的消费特点。

③消费者的购买动机。消费者的购买动机主要有求实用、求新颖、求廉价、求方便、求名牌、从众购买等。在调查消费者的购买动机时需要注意,消费者的购买动机是非常复杂的,有时真正动机可能会被假象掩盖,调查应抓住其主要的、起主导作用的动机。

(4)流通渠道调研

流通渠道调研的内容很多。按照流通环节划分,主要包括:

①批发市场。经营批发业务的合作社,把产品从生产领域引入流通领域,沟通了产销之间、城乡之间、地区之间的产品流通。在调研中要了解批发市场的信息,研究产品流通规律。

②零售市场。调研零售市场是改进合作社经营管理、了解消费者需求的重要方面。特别是近年来发展迅猛的超市零售业,往往第一时间反

映了消费者需求状况。

③生产者自销市场和农贸市场。合作社在调研中应重点掌握自销和农贸市场产品交易额、交易种类、品种比重等方面信息,以分析其对市场主渠道的影响。

2.市场调研的步骤

市场调研的步骤大致包括以下几个方面:

(1)确定市场调研的问题及目标

在市场调研之前,须先针对合作社所面临的市场现状和亟待解决的问题,如产品的质量、产品销量、整个产品市场未来的产量、产品特性、广告效果等,需要聚焦关注,确定想了解的问题,从而确定市场调研的目的和范围,开展有针对性的调研活动,解决问题,确认机会。

(2)制定调研计划

调研计划是调研工作具体实施的重要指导依据,它包括调研的目的与要求、调研的方法、调查的项目、对象、信息收集、整理和分析的方法,以及调查表格设计等内容;调研计划还应包括组织领导、人员配备、工作进度及费用预算等内容。

(3)收集信息

收集信息可以根据信息存在的方式分为两种,一种是现成的信息资料(第二手资料),另外一种是需要经过调查整理的资料(第一手资料)。信息化时代为收集市场的各种数据信息提供了极大的便利,农村合作社的市场调研人员可以借由网络收集相关的现成信息资料,如企业内部经营资料、各级政府统计数据、行业调查报告和学术研究成果的搜集和整理,根据需要利用不同的资料分析方法,针对性地对现成的信息资料进行分析收集得出结果。另一方面是进行实地调查或者进行观察实验,聚焦目标,通过采取具体行动收集当下最新的一手资料信息。

(4)统计分析结果

市场调研人员须以客观的态度和科学的方法进行归纳分类以及细

致的统计计算,以获取高度概括性的市场动向指标,并对这些指标进行横向和纵向比较、分析和预测,以揭示市场发展的现状和趋势。

(5)撰写调研报告

市场调研的最后阶段是根据比较、分析和预测结果写出书面调研报告,一般分专题性报告和全面报告,阐明针对既定目标所获结果,以及建立在这种结果基础上的经营思路、可供选择的行动方案和今后进一步探索的重点。调研报告要特别注意对调研结果进行统计、分析和预测后所获得的信息,要尽可能达到准确性、及时性、针对性、系统性、规划性以及预见性。

(二)市场细分

市场细分是指根据消费者需求的差异性,将市场细分为若干个具有类似需求的消费群的过程。市场细分后每一个消费群就是一个细分市场,也称为"子市场"或"亚市场",每一个细分市场都是由具有类似需求的消费者构成的群体。分属不同细分市场的消费者对同一产品的需求存在着明显的差别,而属于同一细分市场的消费者,他们的需求极其相似。农产品消费群是一个处在变化发展中的运动体。这个人数众多的庞大群体广泛分布在社会的方方面面,形成一个个主体部分各自独立、边缘部分相互交叉的特定消费群,或是按年龄划分,或是按收入划分。这些具有不同群体需求的农产品消费者,构成了需求多元化、多层次、多变量的农产品市场,成为不同农产品销售的市场基础。农村合作社为了求得生存和发展,在竞争激烈的市场上站稳脚跟,就必须通过市场调研,根据消费者的需要与欲望、购买行为、购买习惯等方面的差异性,通过市场细分,发现市场机会。这样,生存与发展就有了目标,利润与效益就有了保障。

可以说,市场细分是农产品营销的一个核心内容,是决定农产品营销成败的一个关键性问题。近年来不少农产品生产者从市场细分入手,挖掘农产品市场扩容的潜质,"分化瓦解"消费群,在新消费群的"再造"

和"新生"中,营造、开拓新的农产品市场。只有按照市场细分原则进行专业分工以后,农产品生产者才能有效进入市场。这是加入 WTO 后发展农业的大势所趋,是增加农民收入的必由之路。

进行农产品市场细分,有利于发现市场营销机会,发现已经在市场出现但尚未加以满足的需求;进行农产品市场细分,能有效地制定最优营销策略,从而确定目标市场,使得市场营销策略有的放矢;进行农产品市场细分,有利于农村合作社扬长避短,发挥优势,集中农村合作社的优势,将其有限的经营能力集中到目标市场上,使其在激烈的市场竞争中获得生存的机会。

1.市场细分的依据

市场细分的依据主要包括以下几个方面:

(1)地理因素,包括国别、地区、城市、乡村、地形、地貌、气候、水文、土壤等多个方面。

(2)人口因素,包括民族、人口数量、年龄、性别、职业、教育、宗教、收入、家庭状况。

(3)心理因素,包括社会阶层、生活方式、性格、行为类型等要素。

(4)购买行为因素,包括购买数量、购买频率、对分销渠道的看法等。

2.市场细分的条件

有效市场细分的条件有:

(1)可衡量性,指细分市场不仅范围比较明晰,而且也能大致判断该市场的大小。

(2)有规模性,指细分市场必须大到足以使销售者实现其利润目标。

(3)可进入性,指企业具有进入该细分市场的资源条件和竞争实力,能够通过一定的媒体把产品信息传到该市场,通过一定的分销渠道将产品送达该市场,同时,细分市场对营销组合中各要素的变动都能够做出差异性的反应。

（三）市场定位

市场定位就是选择目标市场，它是农村合作社进入市场时应认真关注的问题。目标市场是经营者希望开拓和占领的一类消费者，这一类消费者具有大体相近的需求。通过对具有不同需求的消费群做有针对性的挑选，可以发现那些需求尚未得到满足的消费者，然后再根据自己的生产能力、管理能力、销售能力去开拓和占领。一个理想的目标市场必须具备三个基本条件：一是要有足够的销售量，即一定要有尚未满足的现实需求和潜在需求。这个问题对于一般小型农户来讲问题不大，而对于规模较大的农产品生产者来讲就显得非常重要。二是经营者必须有能力满足这个市场的需求。三是在这个市场中必须具有竞争的优势，即没有或很少有竞争，或者有竞争但不激烈，经营者有足够的实力击败竞争对手。这样一个市场就可以选作自己的目标市场。

1.目标市场选择的步骤

市场定位是农户选择某一细分市场作为营销对象的决策活动。选择目标市场一般包括三个步骤：

（1）估计目标市场的需求

目标市场需求是指在既定的市场环境中，某一类消费者购买某种产品的总额。这种市场需求数量的变化取决于消费者对某种产品的喜好程度、购买能力和经营者的营销努力程度。如果某种产品确实为消费者所喜爱，并且消费者的购买能力不断提高，经营者的营销策略正确，就有可能增加需求数量。估计目标市场需求时既要估计现实的购买数量，也要对潜在增长的购买数量进行估计，从而测算最大市场需求量。农村合作社要根据所掌握的最大市场需求量来决定是否选择这个市场作为目标市场。

（2）分析自身的竞争优势

市场竞争可能有多种情况，如品牌、质量、价格、服务方式、人际关系等诸多方面。但从总的方面来说可以分为两种基本类型：一是在同样条件下比竞争者定价低;二是提供满足消费者的特殊需要的服务,从而抵消价格高的不利影响。农村合作社在与市场同类竞争者的比较中,分析自己何处为长,何处为短,尽量扬长避短,或者以长补短,从而超越竞争者占领目标市场。

(3)选择市场定位的战略

这是指农村合作社在生产经营活动中要根据各目标市场的情况,结合自己的条件确定竞争原则。通常可分为三种:

①"针锋相对式"的定位。指将经营产品定在与竞争者相似的位置上,同竞争者争夺同一细分市场。例如,有些农村合作社在市场上看别人经营什么,自己也选择经营什么,实行这种定位战略要求经营者具备资源、产品成本、质量等方面的优势,否则,在竞争中可能失败。

②"填空补缺式"的定位。指农村合作社不去模仿别人的经营方向,而是寻找新的、尚未被别人占领,但又为消费者所重视的经营项目,采取填补市场空位的战略。例如,有的农村合作社发现在肉鸡销售中大企业占有优势,自己就选择经营饲养"农家鸡",并采取活鸡现场屠宰销售的方式,填补大企业不能经营的这一"空白"。

③"另辟蹊径式"的定位。即经营者在意识到自己无力与同行业有实力的竞争者抗衡时,可根据自己的条件选择相对优势来竞争。例如,有的经营蔬菜的农村合作社既缺乏进入超级市场的批量和资金,又缺乏运输能力,就利用区域集市,或者与企事业伙食单位联系,甚至走街串巷,避开大市场的竞争,将蔬菜销售给不能经常到市场购买的消费者。

2.目标市场选择中的多数谬误

选择目标市场的目的是使产品有销路。问题是并非有销路的市场都一定能成为农村合作社理想的目标市场,如果出现多数谬误(指过多的农产品生产经营者都把同一个细分市场作为自己的目标市场,从而造成某一种产品的供给远远超过市场需求),农村合作社就不可能实现预期的营销目标,还可能导致挫折和失败。在这种情况下,这些农产品生产经营者共同经营同一种产品,实际上就是共同争夺同一产品有限的消费群。结果造成社会劳动和资源的浪费,也不能满足本来有条件满足的其他市场需求,大大提高了农产品生产经营者的机会成本,影响其经济效益,甚至造成其营销失败。在现实经济生活中,多数谬误屡屡发生。

从农产品市场营销的实践来看,出现多数谬误的原因主要有以下几个方面:

(1)农产品生产经营者均将市场容量最大、利润潜力最大的市场作为目标市场。

(2)在指导思想上急功近利,只考虑目前利益,避难就易,而看不到长远利益,抵挡不住外围市场一时畅销的诱惑,例如见到某些农户因养殖母鸭,卖鸭蛋发了财,就户户养,村村养,乡乡养,最后只能是低价赔本卖出,甚至是送出。

(3)对已经确定的目标市场缺乏精细的了解,缺乏对目标市场深层次的分析,没能看到风险的一面。

(4)对细分后的目标市场的变化没有足够的把握,市场细分的各项变量会随着社会大环境的变化而不断变化,所以就不能用固定不变的观念去看待变化的市场,而应以变应变,具体问题具体分析,及时调整自己的营销策略。

(四)产品策略

产品策略包括产品创新和产品的品牌、包装。产品创新是指企业对产品组合的改变,包括产品的再定位和开发新产品。产品的再定位就是增加或减少产品的某些特征,从而使产品具有新的形象,达到重新定位的目的。开发新产品是一个系统过程,一般可分为七个步骤:构想——筛选——概念形成与验证——可行性分析——产品研制——市场试销——正式投放市场。

1.品牌

品牌是商品的商业名称,是由企业独创的、有显著特性的、未作商标或已作商标申请注册的特定名称。如"格力"牌空调、"统一"牌方便面、"蓝月亮"牌洗衣液等,"格力""统一""蓝月亮"这些名称都是商品的品牌。品牌可以分别由文字、标记、数字、符号及其组合构成。品牌是简称,它包括品牌名称和品牌标记。品牌名称是品牌中可以用语言来称呼的部分。品牌标记是品牌中可以识别、认知,但不能用语言称呼或念出来的那一部分。产品品牌不实行法律管理。但产品品牌申请作为商标,按照法律手续批准注册,企业即获得使用品牌名称和品牌标记的专用权,并受到法律保护。商标是一种无形资产,驰名商品更是一笔巨大的财富。随着商品生产和市场经济的不断发展,商品如果没有注册商标就无法进入流通领域,商场不会销售。做广告时,媒体也要了解企业是否已注册商标。

2.包装

产品包装的基本功能是保护商品。在现代经济生活中,包装的重要性已不再是作为容器、保护商品和方便运输,而是促进和扩大产品的销售。两种相同的消费品,不同的包装,就会产生不同的销售效果。我国不少出口的商品具有上等的质量,但因包装不佳,不仅价格上不去,而且只在国外的地摊上销售。例如,我国东北的人参过去只用10kg装的木箱出口,自改用精巧的小包装后,售价平均提高30%。

3.品牌形象

农村合作社销售的产品要得到广大消费者的认可,一定要有良好的品牌形象。合作社可以通过以下几种方式创立品牌形象:

(1)以名创牌,对市场竞争力强的优势产品进行商标注册。商标既是为了宣传,扩大影响,同时也是为了保护品牌。

(2)以质创牌,严格按照质量标准生产。认真参与各种质量认证,在认证的过程中强化内部质量管理,提升产品质量。

(3)包装创牌,美化农产品外表。随着现代流通方式的发展,农产品包装将成为必然趋势。现在发达国家的农产品是一流的产品,一流的包装,一流的价格。而我国的农产品则是一流的产品,三流的包装,三流的价格。新加坡进口的中国水果与美国水果包装有明显的差距,美国水果是印制精美的标准包装箱,而我们的则是蛇皮袋、麻袋之类的原始包装,价格差距可想而知。

(4)加大品牌宣传力度,树立良好品牌形象。例如,运用现代大众传媒如期刊、报纸、电视、广播、网络等发布信息,让销售地市场从中获取产地信息,激发市场需求,从而促进销售;主动参加各种农产品展销会,通过参展了解市场的需求和行业发展状况,在参展中扩大品牌知名度。

(5)做好品牌保护工作。不是创立申领了品牌就可以"高枕无忧"获得品牌带来的效益,是需要持续不断经营的。一方面是品牌需要得到保护,防止假冒伪劣,可以通过特殊的记号、防伪码等方式进行品牌保护工作;另一方面是品牌自身需要不断提升质量,用于自我革命,不断创新,不断树立和维持品牌的形象。

(五)价格策略

农产品在定价之前,应根据农村合作社的战略目标和销售目标来确定定价目标。定价目标是选择定价方法和制定价格策略的依据。定价目标一般包括:实现一定的收益目标;保持市场占有率目标;竞争目标和稳定价格目标。

1. 定价方法

农村合作社的定价方法,基本可分为三大类:

(1)成本导向型定价法

以成本为导向的定价法包括成本加成定价法、收支平衡定价法、目标利润定价法和变动成本定价法。

①成本加成定价法是指按单位产品总成本加上一定比例的预期利润或再加上税金的一种定价方法。

②收支平衡定价法,又称为盈亏平衡定价法,是以总成本和总销售收入保持平衡为定价原则。

③目标利润定价法,是以总成本和目标利润为定价原则。

④变动成本定价法,又称边际贡献定价法,即不考虑价格对总成本的补偿,只考虑价格对变动成本的补偿,并争取更多的边际贡献来补偿固定成本。

(2)需求导向型定价法

需求导向的定价法就是根据市场需求的强弱情况而制定不同的价格,市场需求量大,定价就高,需求量小,定价就低。具体包括理解价值定价法和需求差异定价法。

①理解价值定价法是根据消费者对商品价值的认知和理解程度来定价。

②需求差异定价法,就是根据销售对象、销售地点、销售时间不同而产生的需求差异对商品定价。

(3)竞争导向型定价法

竞争导向型定价法是以市场上相互竞争的同类产品为价格的基本尺度,并随竞争变化调整价格水平。

农村合作社在定价时,可以采取多种类型定价法相结合的方式进行产品定价,既要考虑消费者的承受能力,以利于促进销售;又要考虑生产的成本补偿,以保证获取利润。

2.定价策略

农产品价格普遍偏低,同类产品的价格差别不大,再加上农产品自身的特殊性,农产品的定价策略要充分考虑各种因素,遵循优质优价的原则,对优质农产品、特色农产品实行高价,树立价格差异,通过高价策略获得竞争优势。同一农产品采用不同的定价策略,其销售情况和销售效益可能会截然不同。

在农产品销售环节中,定价不能盲目,要根据其基本规律,做到巧定市场价格:

（1）消费心理定价

具体包括五种策略：

①整数定价策略。鉴于顾客有怕麻烦的心理，可根据情况，采取整数定价策略，如市场上的 1 元商店、2 元商店等。

②零头定价策略。根据有的顾客有精确计算定价的心理习惯，采取零头定价策略。经调查，许多商品价格定在 10 元以下，颇受欢迎。

③声望定价策略。根据商品拥有者的地位和富有程度定价。如果商品销售的主要对象是社会中的精英阶层，为了显示商品拥有者的地位和富裕程度，对于名牌商品，可以把价格定高一些。

④连带销售定价策略。利用消费者追求廉价心理，把几种最常用的商品的价格定低，以吸引消费者前来购买商品，以此扩大连带商品的销售。

⑤习惯定价策略。根据有些消费者追求价格平稳心理，采取习惯定价策略，如对于日常必需品制定长期不变的价格。

（2）折扣与折让定价

折扣是按原定价格少收一定比例的货款。折让是在原价格基础上少收一定数量的价款。两者的实质都是应用减价策略。常用的折扣、折让策略有：

①价格折扣。即按标明的价格，打一定的折扣，如 8 折、9 折等，虽然价格差距不大，但可以满足消费者减价的心理。

②数量折扣。在价格不变的情况下，对商品的数量打折，如 10kg 的商品只按 9kg 计算货款，5 件商品只按 4 件计算货款。很多商家采取的“买一送一”做法，就是一种数量折扣策略。

③季节折扣。由于气候、品种等因素的影响，农产品价格将随着季节的变化而存在较大的差异，如蔬菜、瓜果等农产品，旺季和淡季的价格往往相差很大。往往在产品上市高峰期或季节过渡时，减价销售；在新季节来临前则价格较高。所以，在销售农产品时可以采取不赶旺季赶淡

季的做法,努力发展早熟和反季节品种,使产品上市时间提前或推迟;或者在生产旺季时将一些农产品进行保鲜贮藏,等到淡季出售,卖出好价钱。此外,还有职能折扣、推广折扣、运费折扣、跌价保证、交易折扣等。

(3)新产品差异定价

根据新产品的属性、竞争对手、产品的上市季节等情况,确定不同的定价策略:

①高价定价策略。主要在独家经营、没有竞争者的情况下采用,或产品提早上市,同类产品少时采用。如在春节期间上市的大棚辣椒、大棚番茄等,定价可高一些。非种植区由于缺乏种植区的农产品,而种植区普遍对该区种植农产品存在供过于求的饱和现象,利用人们"喜新厌旧"的心理,通过争取区域的价格差,将本地产品运到异地销售,这种在非种植区经营农产品的销售方式,也可以采取高价定价策略。

②低价定价策略。新产品获利大小与价格定位密切相关。对于有类似产品的新产品,因为存在原有产品的竞争,一般可采用低价策略。这样能增加销售量,其效益比高价薄销还要高。

③温和定价策略。又称折中定价策略,即将价格定在适中的水平。一般用于新产品存在一定的市场竞争但竞争不很激烈的情况。

(4)产品组合定价

高明的经营者总是着眼于整体产品的销售及其效益,对于一部分消费者非常熟悉的产品,经营者往往有意识地定价低一些,依靠这类低价产品树立廉价销售的形象;中等熟悉的产品则定价不高不低;不太熟悉的产品则定价较高,经营者靠的就是这些连带产品来增收。如有些农资经销店,对于杀虫双、乐果等用户非常熟悉的农药,采取低价销售;而对于稻田除草剂等小包装的农药则采取高价销售。农资经销店主要是靠这类连带的农资产品赚钱。

(六)渠道策略

营销渠道包括网络营销和定制营销。其中,网络营销包括建立有形的市场网络,如生鲜超市、批发市场、配送中心等,还包括建立无形的市场网络,即网上营销,运用电子商务销售农产品。

1.定制营销

定制营销主要包括以下几种:

①订单销售,即以 B2B 为主的订单农业,按订单生产,按订单采购。

②配送销售,以 B2C 为主的配送营销,建设现代物流配送中心。

③展销,即通过展销会、展示会等扩大对农产品的宣传,积极寻找目标客户和目标市场。

2.销售渠道

几种常见的销售渠道包括:

①专业市场。这是最常见的农产品销售渠道,通过影响力大、辐射力强的农产品专业批发市场,集中销售农产品,一方面它具有销售集中、吞吐力强的优势,另一方面还具有集中处理信息和快速反应能力。

②贸易公司。贸易公司作为农产品销售的中间商,有其自己的利益要求,农业经营者要重视渠道伙伴关系,充分关注中间商的利益,最大限度地调动他们的积极性,实现双赢共处。

③大型超市。随着经济的发展,顾客的购买方式发生了变化,越来越多的顾客到大型超市集中购买商品,超市中的农产品专柜吸引了广大的顾客,有利于提高优质农产品的档次。

④直接销售。农业经营者可以直接销售农产品。在通过销售渠道进行销售时,得知某地急需哪种农产品的准确信息后,还应考虑运输方式。对于一些急需的瓜、果、菜等农产品,远距离运输宜采用快捷运输方式,虽然运输费用稍高一些,但如果及时抓住市场机会,所获的利润也往往比较丰厚。对于一些耐贮藏的农产品如马铃薯、生姜、大蒜可采用铁路等成本低的运输方式,也不会影响农产品的质量。

3.农产品的营销渠道策略

农产品的营销渠道策略较多,但大体上可分为以下几种:

（1）直接渠道与间接渠道的选择。凡是经过中间商环节的渠道都叫作间接渠道；不经过中间商环节，而由生产者直接出售给消费者的渠道叫作直接渠道。农村合作社采取直接销售的方式就是实行产销一体化，自己组织销售力量，推销其产品。这种策略也称为"推的策略"。利用间接渠道销售农产品的策略称为"拉的策略"。实行产销一体化，在销售农产品的过程中没有中间环节，可以及时将产品送达消费者，有利于农村合作社主动控制价格。正因为如此，凡是有条件、有人力、资金比较雄厚的农村合作社，应力争自建销售网，积极推销自己的产品。必须明确的是：直接销售不仅需要农村合作社进行商业投资，营销管理方面的事务会大大增多，而且，一般来说，比较大的农村合作社是不可能完全依靠自己的力量来销售其全部产品的。因此，绝大多数农村合作社要根据对各方面的因素的综合考虑，将直接渠道与间接渠道结合起来使用，并采取有主有辅的务实策略。

（2）长渠道与短渠道的选择。如果农村合作社决定通过中间商销售农产品，还必须考虑营销渠道的长短问题。在间接渠道中，凡是只经过两个或两个以下中间商环节的渠道叫作短渠道；而经过三个及三个以上的中间商环节的渠道叫作长渠道。短渠道有利于提高农产品销售的时效性，迅速占领消费市场。这种渠道特别适合于那些时令性较强或易腐变质的农产品，如蔬菜、瓜果和鲜奶等。长渠道有利于利用中间商储存、运输等方面的能力和广告宣传方面的作用，扩大产品的销售范围。同时，营销渠道长，参与营销的中间商多，也有利于分散来自市场的风险。

（3）宽渠道与短渠道的选择。营销渠道的宽窄是针对销售网点的多少而言的。凡是拥有众多的销售网点的渠道叫作宽渠道，只拥有一个或少数几个销售网点的渠道叫作窄渠道。一般来说，需求量大、价格低廉的农产品多采用密集的分销线路，以满足消费者及时、方便和就近购买商品的要求，而一些名优、土特产品，则宜精选少数的中间商，以节省销售费用和加强管理。事实上，采用密集分销路线的初期，在一个目标市场上可能会有许许多多的中间商。竞争过程中,也会逐步淘汰一些中间商。典型的窄渠道策略是采用较单一的销售路线,即选用一个批发商或一家零售商销售自己的产品。采取独家销售的策略,对农村合作社来说有利有弊。独家销售的好处是:易于控制市场,能决定零售价格;销售、运输、结算等手续比较简单,有利于降低销售费用;生产者与销售者之间的业务关系比较稳定,有利于避免和减少经营上的纠纷。其缺点是:在某一特定的市场范围内,如果只有一家中间商,可能会因为其推销力量不足而失去市场;可能会因为销售网点少而给消费者购买商品带来不便;不能利用竞争机制来有效地提高农产品的营销效率。

(七)促销策略

促销策略是市场营销组合的重要组成部分,在企业的营销活动中具有十分重要的作用。农产品营销对于促销策略的运用要慎重,最重要的是要围绕营销目标做出合理预算,在促销预算范围内有选择地运用人员推销、广告和公共关系等促销手段。

人员推销是最古老的售货方式,指生产经营企业派遣推销员或生产经营者直接向消费者或用户推销产品的方式。生产资料一般适合人员推销,农户生产的鲜活土特农副产品也可采取人员推销方式。人员推销的绩效主要取决于推销人员的素质和业务技能,因此,加强对推销人员的培训是关键,要使推销人员坚信自己的企业,坚信自己推销的产品,坚信自己的推销能力。

广告促销就是广而告之,指利用电视、广播、报纸、杂志等媒体,宣传产品的质量、性能、特点、生产企业、购买地点,以促进消费者购买的方式。

农产品促销还要充分依靠政府和公共关系。一方面,积极利用政府力量,获得宣传支持,引导百姓消费,扩大有效需求。另一方面,应积极参与社会活动,改善与社会各界的关系,树立良好的企业形象,获得社会各界的关心和支持,通过公共关系达到促销目的。

现阶段农民合作组织主要的销售方式是利用当地市场,向来当地的外地客商直接供货,属于较为典型的推动式促销策略,先将农产品推向中间商,争取其合作,再利用中间商把农产品推向终端市场。推动式促销策略在以消费者为中心、激烈竞争的买方市场环境中,作用已显单薄。需要采取拉引式促销策略,先通过人员推销、营销广告和公共关系等直接面向终端消费者的强大促销攻势,把农产品先推销给终端市场的消费者,使之产生强烈的购买欲望,形成急切的市场需求,然后"拉引"中间商纷纷要求经销这种农产品。当然,农民专业合作组织也可以把推与拉两种策略配合起来,使在向中间商大力促销的同时,通过大量的广告刺激市场的需求效果更佳。

第四节　农村合作社产销运营的风险管理

在农村合作社生产和运营过程中或多或少会存在一些风险性因素,在运营过程中进行风险管理和控制是合作社持续运作的必要环节。

一、风险管理的概念

风险管理顾名思义是对行动过程中可能产生的各种风险进行识别、预测、评价,并采取相应的措施进行控制和处理的过程。农村合作社的生产和经营属于农业范畴,因而农村合作社的风险控制适用农业风险管理范畴。

农业风险管理,是指风险管理主体通过对风险的认识、衡量和分析,优化组合最佳风险管理技术,以最小成本使农村合作社获得最大安全保障的一系列经济管理活动。

农业风险管理既是影响农业发展以及国民经济发展的一个基本管

理范畴,也是现代农业生产经营活动中的一个重要组成部分。其功能主要体现在减少农业风险发生的可能性和降低农业风险给农民造成意外损失的程度。从管理层次划分,可以将农业风险管理分为微观风险管理、中观风险管理和宏观风险管理。一般情况下,风险管理主体包括农户家庭、集体经济组织和国家政府。只有农户家庭、集体经济组织和各级政府都进行风险管理,才有可能实现农业的安全保障。

二、农业风险管理的目标

农业风险管理的总目标是以最小成本实现最大安全保障。农业风险管理的目标主要包括包括安全目标、经济目标和生态目标。

(一)安全目标

安全目标是指要求农业为社会提供数量充足而质量安全的农副产品,以保证人们的生活质量持续提高、社会和谐稳定和文明进步。通过农业风险管理,不仅能为社会提供充足的农产品,维持人类的基本生存条件,满足整个国民经济对农业的需求,还能最大限度地消除或减轻农业风险的危害,增强农业安全保障。

(二)经济目标

经济目标就是要实现最大化的经济效益,即对农业风险的管理以最小的成本,取得尽可能好的社会经济效益。或者说,既要有利于资源的优化配置,提高农业综合生产力,又不要过分加重政府的财政负担,还要有利于提高农业经营管理的水平和农业经济的效益。

(三)生态目标

在进行农业生产时,必须注重合理开发利用和保护自然资源、维护和改善生态环境,把开发利用、保护治理及资源增值有机地结合起来,发挥资源优化组合功能,形成各具特色的、持续平衡的生态系统。资源质量的降低、数量的减少以及生态环境的恶化已影响农业可持续发展,成为制约农业生产和农业经济发展的因素,极有可能引发各种农业风险,使农业遭受损失。保证农业生态可持续发展,是农业风险管理的重要内容和主要目标。

三、农业风险管理的程序

农业风险管理的程序分为以下五个步骤:

(一)确定风险管理的目标

对于不同的农业风险管理主体,风险管理目标各有侧重;同一风险管理主体,在不同时期、不同阶段,其风险管理目标也是不同的。加强农业风险管理首要的任务是通过农业风险管理系统的研究作业,确定整个系统的目标。

(二)农业风险的识别

农业风险识别是对农业自身所面临的风险加以判断、归类和鉴定的过程。由于各种不同性质的风险时刻威胁着农业的生存与安全,必须采取有效方法和途径识别农业所面临的及潜在的各种风险。可以通过感性知识和经验进行判断,同时还必须依靠对会计、统计、经营等方面的资料及风险损失记录进行归纳、整理和分析,从而发现农业即将面临的各种风险,科学评估风险损害,并对可能发生的风险进行性质鉴定。

(三)农业风险的衡量

在农业风险识别的基础上,通过对所收集的资料分析,对农业损益频率和损益幅度进行估测和衡量,对农业收益的波动进行计量,从而对采取有效的农业风险防范措施提供科学依据。

(四)农业风险的处理

风险管理主体根据农业风险识别和衡量情况,为实现农业风险管理目标,选择与实施农业风险管理技术。农业风险管理技术包括控制型风险管理技术和财务型风险管理技术。前者以降低损失频率和减少损失幅度为目的,后者以提供资金的方式,消除风险损失。

(五)农业风险管理的评估

农业风险管理主体在选择了最佳风险管理技术以后,要对风险管理技术的适用性及收益情况进行分析、检查、修正和评估。因为农业风险的性质和情况是经常变化的,风险管理者的认识水平具有阶段性,只有对农业风险的识别、评估和风险管理技术的选择等进行定期检查与修正,才能保证农业风险管理技术的最优使用,达到预期的农业风险管理目标和效果。

四、农业风险管理的措施

农业风险类别不同,其管理手段亦不相同。大致可以分为规避、预防、通过经济手段转移和救灾救济等方式。

（一）风险规避

风险规避的方式主要有两种:

1.为规避某一风险带来的损失,放弃该项农业生产活动,或者为了避免新技术应用可能带来的风险,农业生产者选择使用成熟的、已经大面积推广的技术。

2.通过降低农业收入在家庭总收入中的比重,规避农业风险可能带来的损失。

（二）风险预防

预防是指在发生损失前为消除或减少损失所采取的各种措施,主要包括:

1.为降低农业风险损失所采取的工程或技术措施。

2.多样化种植,分散风险。

3.国家通过宏观经济调控稳定农业经济,降低农业的波动性。

（三）风险转移

风险转移虽然不能降低风险损失的大小,但可以通过一定经济手段转移或分摊损失,降低某一时段内风险对生产的影响。以经济手段转移农业风险的方式有两种:

1.保险转嫁。保险转嫁是指农业生产者以小额保险费为代价,将农业生产风险转移给农业保险经营者,在时间和空间上分散农业风险。农业保险是一种科学管理和化解农业风险的制度建设,具有将灾前防灾防损与灾后及时补偿结为一体的优越性。既有利于降低农业风险对农业生产经营主体的损害,也有利于降低社会经济发展的成本,是农业生产的稳定器。

2.非保险转嫁。非保险转嫁是指通过各类经济合同将可能产生的潜在损失后果转嫁给他人的方法。个人和单位在从事经济活动过程中,可以利用合同条款等将有关活动的潜在风险损失转嫁给他人承担。这种风险转嫁的优点在于应用范围广、费用低廉、灵活适用,可以弥补保险之不足。而其也具有一定的局限性,常受合同条款、法律条文的限制,带有一定程度的盲目性,需要以健全的法律体系为条件。

（四）救灾救济

救灾救济是指依靠政府或社会力量对受灾地区人民的生产、生活进行经济补偿与救助的行为,分为政府救济和民间救济。但是,救灾救济只是一种临时性的帮助行为,其实施没有法律保障。

农业是国民经济的基础,同时也是一个具有高风险的弱质产业。由于农业生产的特殊性,农民不仅经常遭受各种自然风险,而且还会遭受各种社会的、经济的不确定性因素造成的市场风险。20世纪90年代以来,我国农业风险呈现出新的变动趋势,在自然风险对农业依然具有显著影响的同时,市场风险已凸显成为影响农业发展的主要风险。这主要是由于经济全球化时代的到来和我国加入WTO,在原有农业风险被强化的同时,又滋生了新的风险源,风险发生的可能性更大,波及范围更广,不可控性也更强。因此,树立风险意识,加强农业风险管理,已成为当前农村合作社运营管理的一项重要内容。

不可否认政府介入在一定时期、一定程度上防范和化解了农业的巨大风险,保障了农民的经济利益,推动了农业和社会的发展。但在当前的全球化、市场化背景下,政府介入风险管理的方式只有继续进行重新整合及创新,才能有效防范和化解这些蕴含巨大的农业风险。

第七章　农村合作社发展路径

农村合作社要保持发展才能持续不断为社员提供服务，而合作社要实现发展就需要从合作社品牌建设、合作社文化建设、合作社党组织建设，以及创新"互联网＋合作社"的模式等方式方法入手，结合合作社的现实情况，走出一条适合自身发展的特色道路。

第一节　推动农村合作社品牌化发展

品牌是一种强烈的标识，优秀的品牌能够让消费者一听一看就联想到产品，品牌也是消费者购买产品的"冲动"来源之一。合作社的成立是为生产和销售农产品服务的，规划生产，做好营销，提高农产品的利润，增加社员的收入是合作社的现实目标。而品牌不仅是农产品的名称，更是合作社的形象代表，是合作社推广农产品、扩大销售的有效策略。因此，农产品品牌化建设，打造属于本合作社的品牌声誉是合作社发展的的重要途径之一。

一、品牌的概念及作用

农村合作社品牌是一个集合概念，包括两个层次：一个是农村合作社本身所代表的组织品牌；另一个是农村合作社所拥有的农产品品牌，包括驰（著）名商标、农产品知名品牌、"三品"认证以及地理标志认证等。

品牌是有价值的,是合作社的一种无形资产。

(一)品牌的概念

1.品牌的含义

品牌是产品的商业名称,俗称标记、牌子,是一个名称、术语、符号或设计,或是这些内容的组合,是产品整体概念的重要组成部分,其基本功能是用来识别不同销售者的产品或服务,使之与竞争对手的产品或劳务相区别。

品牌包括品牌名称和品牌标志。品牌名称是指品牌中可以用语言称谓表达出来的部分。例如,山西省农村合作社中的"神山牌"食用油、"杏林牌"中药材、"寿绿牌"无公害蔬菜、广东省农村合作社的"冰河松果"益肾子等。品牌标志是指品牌中可以识别但不能用于语言称呼表达出来的部分。通常是某种符号、图案或者其他特殊设计,如不同的色彩或字母。例如,无公害农产品、绿色食品和有机食品的品牌标志等。

2.农产品品牌

农产品品牌,是指使用在农产品上,用以区别其他同类和类似农产品生产经营者的显著标记。产品品牌是以农产品的产地、品种、质量等差异为基础,以商标、口号、包装、形象等为表现形式,帮助消费者识别农产品质量并形成购买偏好,传递农产品与竞争产品相区别的核心利益。农产品品牌也是农产品生产经营者整合当地经济、社会文化等资源为自己的商品或服务所确定的,具有个性特色和竞争优势并能与社会经济发展和市场需求相适应的名称和标志的组合。事实上,农产品在市场上销售和推广,很多时候潜在消费者看重的是牌子,而不仅仅是产品的本身。比如说,大家要喝牛奶的时候想到的是光明、伊利、蒙牛;要吃火腿肠、鲜肉的时候想到的是双汇;喝饮料的时候想到的是娃哈哈、农夫山泉等。

3.农产品品牌化经营

农业品牌化经营是指通过农产品品牌的创立,推动农业整体发展,带动农户走向市场,提高农业综合生产能力的一种经营模式。农产品品牌化经营是通过控制农业企业的成本来实现农业企业利润最大化,通过促进农户增加优质农产品的生产和销售来增加农民收入,对农业发展有很大的带动作用。

(二)品牌的作用

1.便于消费者识别商品的出处

这是品牌经营最基本的作用,也是生产经营者给自己的产品赋予品牌的出发点。在市场上,特别是在城市的超级市场中有众多的同类农产品,这些农产品又是由不同的生产者生产的,消费者在购买农产品的时候,往往是依据不同的品牌加以区别。随着农业科学技术的飞速发展,不同农产品的品质差异相距甚远。即使有两种品牌的农产品都能达到国家相关的质量标准,甚至符合绿色食品标准,仍可能存在很大的品质差异,如风味、质地、口感等。这些差异是消费者无法用肉眼识别的,消费者也不可能在购买之前都亲口尝一尝。所以,消费者就需要有容易识别的标志,这一标志只能是品牌。

2.有助于宣传推广农产品

商品进入市场依赖于各种媒体进行宣传推广,商品实体的品牌是其中一种宣传推广的重要媒体。商品流通到哪里,品牌就在哪里发挥宣传作用。品牌是生产者形象与信誉的表现形式,人们一见到某种商品的商标,就会迅速联想到商品的生产者、质量与特色,从而刺激消费者产生购买欲望。因此,独特的品牌和商标很自然地成为一种有效的宣传广告手段。

3.有利于建立稳定的顾客群

品牌标记送交管理机关注册成为商标,需要呈报产品质量说明,作为监督执法的依据。这样,品牌也就成了产品质量的象征,可以促使生产者坚持按标准生产产品,保证产品质量的稳定,兑现注册商标时的承诺。如生产者降低产品质量,管理机关便可加以监督和制止,维护消费者的利益。一个成功的品牌实际上代表了一组忠诚的顾客,这批顾客会不断地购买该企业的产品,形成企业稳定的顾客群,从而确保了企业销售额的稳定。

4.维护专用权利

品牌标记经过注册成为商标后,生产者既有上述保证产品质量的义务,也有得到法律保护的权利。商品注册人对其品牌、商标有独占的权利,对擅自制造、使用、销售本企业商标以及对同类、类似商品中模仿本企业注册商标等侵权行为可依法提起诉讼,通过保护商标的专用权,来维护企业的利益。

5.充当竞争工具

在市场竞争中,名牌产品借助于名牌优势,或以较高的价格获取超额利润;或以相同价格压倒普通品牌的产品,扩大市场占有率。在商品进入目标市场之前,先行宣传品牌和注册商标既可防止"抢注",又可以攻为守、先声夺人,为商品即将进入目标市场奠定基础。

二、农村合作社品牌化发展策略

1.做好品牌定位

品牌定位是指为自己的品牌在市场上树立一个明确的、有别于竞争对手的、符合消费者需要的形象,其目的是在消费者心目中占据一个有利的位置。因此,品牌定位是对潜在消费者需求心理所下的功夫。成功的品牌定位是产品进入市场、拓展市场的助推器。在进行品牌定位时,应该考虑以下几方面:

(1)找准品牌代表的精髓。例如农产品可以以"绿色食品""营养丰富""食用方便""用途多样"等作为自己的品牌主张。

(2)了解消费者对农产品的需求。有的消费者追求的是口感,有的追求的是营养,还有的追求的是食用方便等。在进行品牌定位时就要考虑目标消费群的这些特征,与目标消费群的需求相吻合。

(3)考虑产品本身的特点。有的农产品附加价值高,营养丰富,具有多种功效,可以定位于高档商品之列,如高档宴席选用的精致大米,蛋白质含量高、口感好、外观好看、香味浓郁;而有的产品则要定位于大众消费品之列。

(4)考虑产品生产的规模、技术水平和实力等相关因素。品牌定位是为了让产品占领和拓展市场,为生产者带来利润。因此,生产者一定要做"力所能及"的事,而不要好高骛远地空有一番雄心去做"想当然"的事。

(5)应力求在品牌个性和形象风格上与竞争者有所区别,否则,消费者很容易将后进入市场的品牌视为模仿者而难以产生好感。

2.塑造品牌形象

品牌的个性是由一致性和识别性两大基本要素构成的。生产者如果既能在一个品牌的性格塑造中保持其一致性,又能实现品牌与顾客的有效沟通和情感交流以达成独特的识别特性,就可以完成其品牌的性格塑造,为产品的差异化创造有利条件。品牌形象和个性的塑造,应注意以下几个方面:

(1)品牌内在形象的塑造。品牌的内在形象主要体现在产品的质量特性上。质量是品牌形象的核心,是产品的生命所在。因此,合作社在进行品牌营销时应当把质量放在首位。

(2)品牌外在形象的塑造。品牌的外在形象主要体现在品牌名称、品牌标志、品牌包装上。品牌名称是和消费者对品牌的印象紧紧联系在一起的。品牌名称给人在听觉和视觉上的感受要亲切动听,且便于记忆和突出特色。品牌标志的设计要清晰醒目、新颖美观并富有时代气息。包装是品牌形象的具体化,包装便于消费者识别品牌产品、展示品牌个性、促进产品销售。通过包装的造型、图案色彩、规格、包装材料的设计和选用,突出产品的个性,提高品牌的魅力。

3.加强品牌的传播与维护

在现代信息社会中,不重视推广宣传,就不能及时将有关品牌的信息传达给消费者和公众,品牌就难以被消费者和公众知晓,也就失去了创立品牌的意义。品牌的传播要注意以下问题：

（1）集中力量将一个重点清晰明了地深入到消费者的心中，将重要的诉求点告诉消费者，这个重点就是品牌的特点和优势。

（2）抓住自己最本质的东西进行传播和展示，凸显个性，不要千篇一律。

（3）要坚持通俗、直截了当，绝不能故弄玄虚，要让新信息与消费者原有的观念相契合。

（4）在品牌传播过程中，要以一种亲切、有趣、贴近生活的方式与消费者进行沟通。

（5）要使一个品牌的信息传播在各种媒体上保持一致，传播的诉求点始终如一。

在激烈竞争的市场经济中，生产者不仅要创造品牌，更要注重保护品牌，才能使品牌长盛不衰。因此，品牌保护要注意以下几点：

（1）进行商标注册。商标注册是品牌合法化的标志，也是品牌获得法律保护的基础。如果品牌商标不进行注册或不及时注册而被他人抢注或冒用，不但商标价值大打折扣，更重要的是会损害品牌产品的形象，影响生产者的声誉。因此，农产品生产经营者在创立品牌时，应及时进行商标注册，获得使用品牌名称和品牌标记的专用权。由于注册商标有地域性特点，所以有志于国际市场的农产品生产经营者，还应及时在国外的有关机构注册。

（2）加强自我防护意识。品牌农产品生产经营者除了寻求法律的保护以外，还应该学会自我保护：一是积极配合有关部门参与打假；二是开展各种活动，引导消费者识假；三是利用先进防伪技术，努力防假；四是建立多种激励机制，鼓励社会公众揭假。

4.积极采用品牌延伸与扩展策略

品牌延伸与扩展是指利用已获成功的品牌推出新产品，其最大优点是可以充分发挥成功品牌的效应，迅速推出新产品，省心省力，产品成功的概率也会增大。生产者实施品牌延伸与扩展策略时应遵循以下原则：

（1）延伸、扩展的产品与原有品牌产品在最终用途、购买对象、生产条件、销售渠道等方面应存在一定的内在关联性。如生产食品的生产者将其品牌扩展到化肥就很难让人接受。

（2）新产品品质应力求与成功品牌产品的品质相匹配。品牌在同一档次产品中横向扩展，一般问题不大，但当品牌向不同产品档次纵向扩展时则很容易使消费者产生品牌的档次在降低的印象，因此要慎之又慎。

（3）品牌延伸与扩展必须务求成功。如果延伸扩展的产品在市场中经营失败，就可能波及其他产品乃至核心产品的信誉，产生"一步走失，全盘皆输"的恶果。

第二节　加强农村合作社文化建设

农村合作社成员是合作社的核心所在，一个合作社要实现可持续地发展就要不断加强对人性的认识，做好人文工作，营造自身独特的文化氛围，培养、塑造共同的理想、信念和价值观，在思想上和行动上提高合作社成员的整体素质，提升合作社成员的归属感，加强合作社的凝聚力，由内到外全面提升合作社核心竞争力，塑造和提升合作社的形象。

一、合作社文化的概念及作用

（一）合作社文化的概念

合作社文化是一种特殊的企业文化，表现为组织目标、伦理价值观及组织原则，其所展现的基本道德，思维模式和行为规范是其成员所普遍认同的。合作社文化是合作社制度存在和发展的精神依据,是合作社组织的核心理念(意识、伦理、精神等元素)的总和。合作社精神是合作社文化构成的重要基石,是合作社全体或多数成员共同一致,彼此共鸣的内心态度、意志状况和思想境界,是合作社经营宗旨、价值准则、管理信条的集中体现,同时也是现代意识与合作社个性结合的一种群体意识。"现代意识"是现代社会意识、市场意识、质量意识、信念意识、效益意识、文明意识、道德意识等汇集而成的一种综合意识。而"合作社个性",包括合作社的价值观念、发展目标、服务方针和经营特色等基本性质。不难看出,合作社作为一种互助的经济组织,具有非常独特的文化现象,是经济元素和文化元素有机结合而构成的一种经济文化,体现了经济与文化的完美结合。

(二)我国合作社文化的含义

在社会主义市场经济不断深入发展的大背景下,农村合作社文化在我国的形成、发展已具深刻的内涵和外延。一方面,合作社文化是社会主义市场经济文化的重要内涵。中国农村合作社是合作社理论与中国实际相结合的产物,在长期的改革发展实践中积淀了丰富的合作社文化。另一方面,合作社文化是我国社会主义核心价值体系的重要组成部分。合作社文化贯穿于合作社经济管理活动的全过程,是合作社的灵魂,优秀的合作社文化能够创造出和谐、积极向上的合作社氛围,产生源源不断的动力,对合作社的改革和发展起到巨大的推动作用。我国合作社文化可以概括为以下五个方面:

1.民本精神。新农村建设的基本任务就是要培养现代新型农民,新型农民的基本标准之一就是有良好的道德。合作社的基本价值是自助、民主、平等、公平和团结。合作社成员的道德价值观是诚实、公开、社会责任和关心他人。合作社与一般企业相比的最大不同点在于它与所在社区的天然联系,也就是它的社区性。合作社成员一般是以居住在农村社区的成员为基础,成员的生产经营活动是与农村社区的土地、水、环境等天然资源联系在一起的,社区自然资源不可迁移的客观属性决定了成员与农村社区的相互依存性。农村合作社成立后,不仅促进了本社区经济社会的健康发展,也增强了社区的凝聚力。一方面是合作社本身性质的影响,合作、团结、互助理念的潜移默化,以及合作社的运行制度,以成员(代表)大会为最高权力机关,成员的民主意识会得到进一步加强;另一方面是在面对市场竞争时合作社内部凝聚力的培养,这种共同面对竞争,应对风险的团结意识在很大程度上会激发和形成民主意识。合作社无论是在地理位置还是成员构成方面都立足于农村社区,因此合作社的发展壮大在很大程度上会促进村民之间的关系更加和睦,提升村民的归属感。

2.互助精神。农民合作社作为一个经济实体,把分散的个体农民联合起来作为更加有力的权利主体参与到市场经济的竞争格局当中。由于科技水平低、流通体系不健全、基础设施条件差,我国农业总体竞争力较低,在农产品价值上涨空间不大而生产资料成本快速上升的情况下,农业效益比较低。如果再计算劳动成本,我国农民从事农业生产很难盈利。要在引导农民发展"一县一业""一村一社""一社一品"特色产业的基础上,依托农业服务组织,把从事同类产品的农民组织起来,成立互助合作社,发挥成员各自所长,相互学习相互帮助。通过发展农村合作社,加快先进适用技术的推广,提高农民的素质,加强农业基础设施建设,建立高效的农产品流通体系,达到提高农业整体竞争力、集约利用资源、实现可持续发展的目的。

3.合作精神。建设合作社文化应当重视培育合作精神,这是合作社文化建设的核心。培育和确立合作精神,是以人为本的现代化管理的要求,对于农村合作社来说,合作精神不仅是成员主人翁精神在合作社的具体体现,也是国家、合作社、成员三者利益最佳结合纽带的正确体现。合作精神作为一种精神动力,其具体表现为合作社经济效益的提高,成员收入的增加,使国家、合作社、成员三者受益,这是调动成员积极性的经济支撑点,成员的自身价值也贯彻于合作精神中得以实现,得到社会的认可,这是调动成员积极性的精神支撑点。

4.创业精神。随着社会主义市场经济的发展,分散经营的小农经济模式在激烈的市场竞争中已经越来越难以生存。合作社本着增加农民收入的目的,在坚持农村基本经营制度的基础上,将分散的个体小农组织起来,共同抵御市场风险,从而提高市场谈判能力,降低经营成本,提高市场竞争力。合作社将农民从个体变为一个整体,形成一个组织,将分散的产业集中起来经营,变无规划生产销售为有战略有计划生产销售。分散的农户联合起来首先就会在规模和数量上壮大生产,形成相对规模化的产业生产,不再是单一的一家一户经营模式,而是具有较高素质、更多运营计划的组织整体,成员将具备更多开创性的思想、观念、个性、作风和品质,追求更多市场机会、追求增长、追求集体利益最大化。

5.创新精神。创新是适应市场信息化和经济全球化的客观要求。在这个市场信息化、经济全球一体化时代,如果将个人与市场结合在一起,不追求创新,这个经济主体就无法生存。创新与风险往往相伴而生,这就需要营造一种鼓励创新、积极向上的开拓性合作社文化,以形成不畏艰难、敢于挑战、勇于开拓的良好氛围。家底较薄弱的、以家庭为单位的竞争模式在面对风云变幻的大市场时明显使农民处于风口浪尖,显然制约了农民财产性收入的快速增长,也制约了农村经济的发展。所以,组织化程度的提高带有必然性,提高了农民的抗风险能力,同时也为思想火花的触碰提供了平台,在集体交流中更新思维,促进新事物的发展。在合作社发展的三个时期——创业期、成长期和成熟期,合作社文化应该准确把握不同时期组织内外部环境的特点,针对不同的环境,发挥不同的作用。

(三)合作社文化的作用

1.有利于农村合作社的健康发展。随着农村合作社的发展壮大,建设一个符合农村实际的合作社文化,对于增强合作社的发展凝聚力是十分重要的。文化对人的影响是潜移默化的,会使人的思想观念发生改变。农村合作社通过文化建设,能够形成合作所需要的市场观念、法制观念、诚信观念、组织观念等,这不仅可以提高合作社的整体实力,增强合作社的凝聚力和活力,提升合作社的市场竞争能力,而且促进了农村合作社的健康发展。可以说,农村合作社文化是合作社生存发展的灵魂,是建立现代农村合作社制度、提升农村合作社形象和管理水平的重要管理手段。

2.促进成员习惯性行为方式的形成。习惯性行为方式是大家都认可的、习以为常的,并不受制度或法律的约束。这种源自文化层面产生的力量,比起传统管理的命令、监督、惩罚的力量更彻底,更有凝聚力和推动力,因此,也更具活力。良好的文化环境给员工以希望、给工作以意义,从而使合作社能够长远持久发展。

3.有利于达成团队成员间的心理契约。合作社与员工的关系靠两种契约来维系:一种是劳动契约,规定双方的权利、责任、利益关系;另一种是心理契约。合作社文化的核心价值观是合作社的一种"德"的标准,员工以此与合作社形成一种心理契约,即员工认同合作社的共同愿望和追求,将个人目标与合作社目标结合在一起,主动承担责任并进行自主管理。同时,一旦文化融入日常管理,使文化成为一种理性的管理手段,必将是合作社实现功利目标的一种理性选择,如在战略上规定合作社做什么、不做什么;在理念上确定合作社提倡什么、反对什么;在价值观上明确合作社追求什么、放弃什么等。

4.有利于社会主义新农村的建设。由于农村合作社是在广大的农村地区建立的,其发展的基础是农业资源,服务对象又是农民。农村合作社通过提高成员的科技文化素质和技术水平,培养和造就了有文化、懂技术、善经营的新型农民,从而提高了农民的整体素质,促进了社会主义新农村的建设。同时合作社通过制度建设,使农户的生产经营行为受其章程的规范和制约,而章程又是由合作社全体成员共同讨论产生的,这充分体现了推进社会主义新农村建设对民主管理的要求。

二、合作社文化建设

(一)合作社文化的构成要素

1.领导人的榜样

合作社经营管理层的独特管理方式可以称为合作社文化,合作社文化不是一两天就能够建立起来的,是一个潜移默化的过程,需要重视对客户的服务。因此,发展一种合作社文化是一项巨大而持久的工作,它需要合作社经营管理层的努力和全体员工的积极配合。管理层不支持、不重视,合作社就很难形成一种以客户为导向的合作社文化。榜样的力量就是上行下效,合作社文化来自员工对管理层行为的效仿。因此,理事长或者经理等管理层要把自己的员工当作客户来对待,让他们从领导人的榜样中学习怎样对待客户。

2.价值观

合作社的价值观首先是要有责任感,对成员、消费者、合作者与社会负责任,并在合作社的生产经营中努力让他们感到满意;同时,倡导每一位成员都要做有责任感的人,合作社文化对成员行为具有无形的约束力,经过潜移默化形成一种群体规范和行为准则,实现外部约束和自我约束的统一;鼓励成员自觉地融入到团队中,在合作社内营造一种良好的团结合作的氛围。合作社文化要像一根纽带一样,把成员和合作社的追求紧紧联系在一起,使每位成员产生归属感和荣誉感。合作社文化要以核心价值观为中心,形成农村合作社的管理制度体系以核心价值观为中心,构造一种能复制与放大核心价值观的机制与策略,运用人力资源管理的具体策略(录用、培训、绩效与激励、沟通等),将核心价值观灌输至成员的思想中、体现在成员的行动上,并结合合作社发展战略与目标,形成农村合作社的管理制度体系。

作为合作社文化核心的价值观念的培养,是合作社文化建设的一项基础工作。组织价值观念的培育是通过教育、倡导和模范人物的宣传感召等方式,使合作社成员扬弃传统落后的价值观念,树立正确的、有利于合作社生存发展的价值观念,并达成共识,成为全体成员思想和行为的准则。

组织价值观念的培育是一个由服从、经过认同、最后达到内化的过程,服从是培育的初期,通过某种外部作用(如人生观教育)使组织中的成员被动地接受某种价值观念,并以此来约束自己的思想和行为;认同是受外界影响(如模范人物的感召)而自觉地接受某种价值观念,但对这一观念未能真正地理解和接受;内化不仅是自愿地接受某种价值观念,而且对它的正确性有真正的理解,并按照这一价值观念自觉地约束自己的思想和行为。由于合作社价值观念是由多个要素构成的价值体系,因此在培育中要注意多要素的组合,既要考虑国家、合作社价值目标的实现,又要重视对成员需求的满足。

3. 民主管理

长期以来,农民始终无法回避自然风险和市场风险,而合作社的价值就在于把农民组织起来,在一定程度上规避风险。更深远的意义在于农民在合作社可学会四样东西:合作、民主、营销和科技。美国现代行为科学家利克特 1967 年提出了领导的四系统模型,但他认为,只有第四系统——参与式的民主领导才能实现真正有效的领导,才能正确地为组织设定并有效地达到目标。参与式管理更多强调信息流的自下而上,强调决策的公平和合理,这是一种参与管理制,或称为民主制。在这种制度下,管理者给予下级以物质奖励,实行充分的参与管理,确立远大的组织目标,经常注意改进工作方法。在小组参与式管理制度下,管理人员可以让部下参与决策,最终采用集体讨论、集体决定的方法形成决策。在这种体制中:组织成员"自我实现"的需要得到满足,相互间充满信任感,因而组织效率自然就会提高。

4.形象设计

合作社形象是通过外部特征和经营实力表现出来的,被消费者和公众所认同的组织总体印象。由外部特征表现出来的组织的形象,给人以直观的感觉和印象,称表层形象,如招牌、门面、数标、广告、商标、服饰、营业环境等;通过经营实力表现出来的形象,是组织内部要素的集中体现,称深层形象,如人员素质、生产经营能力、管理水平、资本实力、产品质量等。表层形象是以深层形象为基础,没有深层形象这个基础,表层形象形同虚设难以保持长久。合作社进行形象设计,首先是提供货真价实的商品,在品种、档次、价格、款式、包装等方面应有自己的特色;其次是提供优质服务,要通过营销行为给顾客留下深刻的印象,形象设计一般经过形象调查、形象定位和形象传播三个阶段。形象调查是了解公众对本合作社的认识、态度与印象等方面的情况,为合作社形象设计提供信息。形象定位是在形象调查的基础上,根据合作社的实际状况,用知名度和美誉度的高低程度对合作社形象进行定位。形象传播是以广告或公关方式,将合作社形象的有关信息向社会传播,让更多的顾客认识和接受,从而提高合作社形象。

(二)合作社的物质文化

合作社的物质文化是由合作社各种物质设施中蕴含的文化价值及合作社产品中的文化价值两个部分组成。它将合作社创造的文化品位、文化理念通过具体的物质和产品表达出来,以其直观形象被更多的人感知。

1.合作社物质设施的文化价值

合作社物质设施体现的文化价值一般包括以下三个方面的内容:一是合作社的容貌,是合作社文明的一种标志和象征。从办公场所的建筑造型、色彩装饰到空间的结构布局,从环境整洁到各种物品安放是否井然有序,都能反映出一个合作社的管理水平和风格,体现合作社文化的个性特点以及合作社经营管理者的文化品位。二是劳动环境的优化,包括各类机器设备的安排顺序,办公室的色彩、照明、安全保险装置等。一个优化的环境不仅有助于员工提高生产效率,保证劳动安全,而且还能相应提高人员的劳动兴趣,激发员工对合作社的义务感、责任感和忠诚感。三是生活娱乐设施,指文化娱乐场所、体育设施、图书馆、职工食堂等。美化合作社员工的生活娱乐环境,能使员工感到合作社这个大家庭的和谐和温暖,增强合作社的凝聚力。

2.合作社产品的文化价值

合作社的任何一种产品除了有其实际价值和使用价值以外,其产品结构及产品外观的美学成分都使产品具有一定的文化价值。合作社产品的文化价值一般包括三个层次:一是产品的实用层,指产品的实际构成,这种构成是产品具有使用价值的基础,也是产品基本效用的基础。产品的实际构成也含有一种美学的成分,同一个产品的组合方式不同,其美学价值也不相同,故由此而产生了品位的问题。二是产品的形式层,指产品的外观,包括造型、商标、品牌和包装等。它是产品的一种外在形式,是产品文化价值的主要载体。在合作社设计自己产品的外观时,通常都注意让它反映本组织的价值观和消费者的文化层次。三是产品的扩展层,指产品的超前式伸延,即售前服务、售中服务和售后服务。这些服务常常更能体现一个合作社的价值观和合作社精神的内涵,让消费者领略到该合作社的文化特质。因此,在创设自己的合作社文化时,还应注意到物质文化的建设,使其更能体现本合作社的价值和合作精神。

(三)合作社文化建设的原则

1.从"简"的原则

合作社文化要树立"三简"原则,其中,第一"简"是做人要简单,人际关系要简单,这样有利于大家齐心协力;第二"简"是做事要简捷,就是做简捷扁平化的具体管理;第三"简"是作风要简朴,把钱用在关键环节上。在农业和农村经济领域里,运用合作社制度发展农村市场经济,需要坚持"三简"原则,做平等、高效率的、具有充沛活力的参与者,使合作社真正成为自主经营、自我约束、自我发展、自担风险的经济主体,拓宽农民增收致富的渠道。

2.长期坚持的原则

合作社文化建设一般要经过几个阶段,依次是自发形成阶段、塑造阶段、培育阶段、巩固阶段和创新阶段。随着社会经济的进步、市场环境的变化,合作社管理者需要在维持原有文化体系的核心价值观的基础上,根据经济发展现状,注入新的内涵。自发形成阶段一般时间较长,在合作社创业初期,由于自身素质的局限性,往往容易忽略文化建设的重要性。因此,在农村合作社的发展进程中,应当一开始就重视合作社文化的建设,塑造一种强势和个性的合作社文化,从而缩短文化自发形成阶段的时间,促进农村合作社快速健康发展。合作社文化的核心是合作社成员的思想观念,对合作社成员以及合作社发展的影响是潜移默化的,它决定着每一位成员的思维方式和行为方式,因此最好是从创业初期就开始着手合作社文化的建设。从长远的角度来看,合作社文化建设不是简单的思想运动,用两三年的时间就能实现,它是一个循序渐进的过程,是随着合作社壮大而不断完善发展的,需要合作社成员长期坚持发展。

(四)合作社文化建设的一般程序

在合作社文化建设的过程中,可借鉴企业文化建设的办法,应该注意三个基本要求:合作社文化建设的方法应该是具体的、可操作的,合作社文化建设的效果应该是可以衡量的,合作社文化建设的参与者应该是全员的。一般而言,合作社文化建设主要包括以下几个程序:

1.合作社文化的诊断

合作社文化的核心是合作精神。成功的合作精神应该使员工产生积极的、具体的联想,这种联想具有强大的激励作用。诊断合作社文化是否被员工接受和认同,是否会对员工发挥作用,这是一个很好的方法。

诊断的过程和原理是：把合作社员工组织起来，对员工进行组织理念的专题讲解，然后让员工把听到理念后所想到的能代表这种理念的人物、事件说出来或写出来，如果大部分人都能联想到代表人物或事件，且事件相对集中，就说明合作社的文化得到了大家的认同；反之，如果大部分不能说出或写出代表性的人物或事件，就说明合作社的文化和组织理念没有得到员工的认同，也就谈不上对员工行为的指导作用。

2. 合作社文化的提炼与设计

合作社文化首先要从历史中提炼。在合作社以前的发展历程中，或多或少会沉淀一些支撑员工思想的理念和精神。这些理念和精神，包含在合作社创建和发展的过程之中，隐藏在一些关键事件之中。把隐藏在这些事件中的精神和理念提炼出来，并进行加工整理，就会发现真正支撑合作社发展的深层次精神和理念，这就是合作的精神和理念。

同时，合作社文化建设还要从未来出发进行设计。对行业进行分析，对竞争对手进行分析，对自己的发展目标进行定位，找到现状与目标的差距。按照这种要求，设计出面向未来的文化理念。把从历史中提炼的文化理念和从未来出发设计的理念结合，进行加工整理，就形成合作社的核心理念。

3. 合作社文化的培训与强化

一方面，对全体员工进行合作社文化培训。组织领导、典型人物、宣传人员或者专家按照事先的策划讲些有关合作社文化方面的典型案例，要把案例中想表达的理念讲深刻、讲生动，使每一个员工都记住、理解，并主动向新员工讲解这些理念。这样，合作社文化的理念、合作精神就流传开了。另一方面，树立和培养典型人物。在提炼和设计出合作社文化并进行宣传培训之后，有一部分人能够直接认同，并用理念做指导，做出具体的行动。这时，合作社把这部分员工树立为典型，充分利用其示范效应，使理念形象化，从而使更多的人理解并认同理念。随着生产经营活动的进行，合作社积累的文化典型逐渐增多，员工对理念的理解也逐渐加深;更重要的是,各部门为了寻找出更加合适的案例,会主动按照理念的要求处理遇到的具体事件,用合作社的核心理念指导自己的各项工作,从而使合作社文化理念对行为的影响作用真正发挥出来,把合作社文化建设与生产经营活动结合为一体。

4.合作社文化制度的确立

把合作社文化理念与价值观制订为管理制度,通过制度的强制,使员工做出符合合作社理念与价值观的行为,在执行制度的过程中,合作社理念与价值观不断地得到内化,最终变成员工自己的理念与价值观。

通过合作社文化建设的确立,合作社就形成了"管理制度与组织文化紧密结合"的管理环境。这种管理环境有两大作用:一是对个人价值观与组织价值观相同或类似的员工,具有巨大的激励作用;二是对个人价值观与组织价值观不同的员工,具有一定的同化作用,最终使之逐渐认同合作社文化的精髓。

第三节　打造"互联网＋合作社"的发展模式

2015 年中央一号文件、国务院《大力发展电子商务加快培育经济新动力的意见》强调,要积极加快"互联网＋"与农业产业的融合发展。在信息化时代背景下,"互联网＋"作为一种新的经济生产方式,能够有效促进传统产业对信息技术的应用发展,并以此带动传统农业产业改造升级。近年来,越来越多的农村合作社进行探索"互联网＋合作社"的发展,尤其在合作社营销发展中产生许多适合有效的模式。由此"互联网＋合作社"的方式也成为合作社发展的重要路径之一。

一、"互联网＋合作社"的含义

"互联网＋合作社"是实现互联网与农业深度融合的主要组织模式之一。就农业社会化服务体系而言,"互联网＋合作社"可称为一种新型的农业服务模式,这种新型服务模式是由合作社、家庭农场、农业大户等参与经营,依托互联网平台,致力于解决农户产品赚钱难、农业服务滞后、农村信息缺乏的问题,即通过开展信息服务帮助农户"种对、卖好",通过提供技术服务支撑农户"高产、高效",通过完善购销服务解决农户"省钱、赚钱"的难题。

另外,与互联网技术运用的智能农业模式和互联网与农业深度融合的产业链模式相比,互联网综合运用的电商模式发展较为普遍和成熟。因为农村合作社是农产品电子商务快速发展的组织载体和主要推动力,农产品电子商务发展为农村合作社成长提供了良好机遇与广阔空间;农村合作社发展电子商务也是现代农业发展的方向,有效创新了合作社的营销理念和运营模式,大大拓宽了农产品的销售领域和范围。目前,一些地方还建立"电子商务合作社",即农村合作社通过自己创办的网络信息平台或者依靠第三方电子销售,在网络上进行商品购买、配送的合作经济组织。

二、"互联网＋合作社"发展的现实意义

(一)促进生产智能化程度的提高

"互联网＋合作社"的发展模式能借助大数据及物联网等其他信息技术,提高合作社的生产效率,有效控制和节约人力、物力,从而推进农业生产的标准化、高效化以及智能化。合作社成员能通过物联网的智能化识别、监控和管理及时了解农作物的生长情况,并将互联网技术与农业生产、加工、销售等产业链结合,集感知、传输、控制、作业为一体,提高效率的同时也增强自然风险抗击能力,从而也能减少不必要的损失。

（二）有助于合作社管理效率的提高

当前，一些电商服务平台企业开始涉足农业与农村领域，为农业发展开发出系列软件、APP 等网络工具；还专为农村合作社开发了云管理系统，如宜信公司开发的"爱社员云管理服务平台"，当合作社理事长或负责人在该系统成功注册后，整个合作社的成员都可以使用该系统便捷地管理个人的股金、财务及交易，从而实现了移动式管理合作社的方式，方便社员随时随地获知本社动态和任务，及时、有效地处理相关工作。同时，可以通过信息技术打破时空限制，实现信息随时随地互通互联，促进了农业生产资料信息、农产品需求信息、农业技术知识以及农业政策变化等各方面信息的有效传递，使得合作社在生产和销售各个环节有了更多的条件以及可能性来进行创新工作，从而降低了合作社的信息搜寻成本，解决了由于信息不对称所造成的农产品滞销、生产技术落后造成的产品质量不达标、经营理念落后等问题。社员间的信息传递、技术交流、问题解答等都变得非常简单。

（三）有助于社员参与意识的增强

"互联网＋合作社"的发展模式可以让合作社成员随时随地参与其中，及时掌握信息动态。目前，大多数的合作社管理和经营权是掌握在少数核心成员手中的，很多中小社员并没有真正参与到合作社的管理当中。而大多数的社员若想要参与其中，在农村这样一个相对落后的环境里，就需要花费更多的时间和精力去经营，"互联网＋合作社"的模式，使得成员们参与其中变得便捷，"互联网＋"的技术手段有助于减少社员的顾虑，拓宽社员的参与渠道，提高社员的积极性。

（四）有利于农产品营销渠道的拓宽

"互联网＋合作社"营销创新，依靠网络技术和先进设备进行数据处理，能够突破时间和地域的局限，采用网络信息发布、下单、支付，以及物流配送等快捷方式，有效避免农业生产销售存在不对称信息，大大加快农产品市场的销售数量。同时，借助互联网平台功能，有助于生产者和消费者迅速、准确地了解收集农产品的市场信息,并直接沟通、对接达成交易。这不仅能够突破销售瓶颈,还能充分利用互联网平台直接联系众多客户、消费者,及时了解不同层次消费者的需求,开启"从田园到餐桌"的直接消费模式,大大提高农产品销售和流通的效率,有效增加和拓宽合作社与农户的收益。另外,发挥互联网技术平台功能,及时汇总农产品市场行情的变化、相关的农业技术与政策法规等,并通过网络发布给合作社与农户,使合作社成员能够快捷全面掌握最新的销售动态,并以此帮助生产和销售,较好地减少种植盲目性,也有利于市场价格平稳,减少因自然和销售不稳定而造成经济损失。

(五)有利于标准化生产与品牌塑造

农业生产标准化能够有效规范生产管理过程,切实提高生产产品数量和品质,发展绿色有机食品,提高农业生产水平与竞争力,加快产业化和现代化发展。应用"互联网＋"技术,促进"互联网＋合作社"融合发展,不仅有助于提高合作社标准化水平,而且能够通过建立健全农业产业检测体系,加强对农业生产所需的化肥、农药、饲料、土壤及病虫害等进行检测与检验,有效保障农业生产过程品质安全;还可利用物联网的农业生长监督技术,实时监控指导农业动植物生产全过程。另外,互联网电商能指导合作社按需生产,扭转大量普通低价的农产品竞争,推动农业由数量增长型到品牌增值型转变;同时,互联网电商可以利用大数据优势,通过标准化生产,在保证农产品安全性和品质基础上,积极帮助合作社开发农业特色性、差异性,培育和提升农业品牌。

(六)有助于融资渠道的拓宽

一直以来,融资渠道窄和资金短缺都是农村合作社所面临的难题。但随着互联网的不断深入,农村金融也开始为农村合作社提供各类金融服务。合作社还能通过众筹的方式进行融资。例如合作社可以采取农产品预售或者提供优惠券、积分卡等一系列的方式进行众筹。此外,大多数电商服务平台都开始采用互联网、大数据以及云计算等方式对合作社提供专业的评估。

（七）促进合作社国际竞争力的增强

随着互联网技术的普及，网上信息流通以及购物成为很多年轻人的一种生活方式。伴随着"互联网＋"的提出，各行各业都在"拥抱"互联网，而我国也正处于从"中国制造"向"中国智造"的转型阶段，"互联网＋合作社"这样的一种创新模式，不仅为合作社之间的交流和学习搭建了桥梁，同时也把合作社推向了具有国际竞争力的大舞台。帮助合作社开拓市场，让他们赢得更多社会关注和回馈。

三、农村合作社开展"互联网＋"营销的模式

近年来，我国一些农村合作社充分把握互联网快速发展的契机，在"互联网＋"合作社营销方面进行了很多有益的尝试，主要包括以下几种模式：

（一）"合作社＋第三方信息中介平台"模式

这种模式是指农村合作社在现有提供的发布农产品供求信息的第三方中介平台上，发布农产品供求信息以寻求潜在消费者，最终达成交易的模式。这种中介平台主要由提供方设立与管理，平台发布往往以滚动不断反复播出农产品市场供求信息的形式，博取潜在消费者的眼球，通过实现买卖双方的供需匹配，最终达成农产品线上交易。目前使用较广的农产品供求信息发布网络有：农博网、农业一站通、中国农产品交易网等。这些农业信息咨询网站不仅设有农业生产销售信息，还及时公布政府有关政策、农业先进技术推广等信息。一般第三方信息中介平台提供免费的运营方案，合作社只需要支付小额推广费，注册后便可以发布农产品信息。这种模式对于农村合作社资质和技术水平要求比较低，适合初始发展资金较少的农村合作社。

（二）"合作社＋垂直电商"模式

这种模式是指农村合作社将农产品卖给垂直电商，再由垂直电商对

接消费者,实现农产品线上销售的模式。其中,垂直电商侧重于垂直化服务,针对某一特定领域例如生鲜、果蔬等开展业务,承担了农产品的收购、宣传、销售、配送等环节,直接面向消费者提供各地的优质产品,帮助农村合作社更好地与客户进行对接,完成产品销售的最后一公里。而农村合作社只作为农产品的供应商,并不直接参与线上销售业务。时下较流行的垂直电商有沱沱工社、华蓉网、天天果园、本来生活网、易果生鲜等。

(三)"农村合作社+第三方电商平台"模式

这种模式是指农村合作社在第三方电商平台注册、建立网店自主运营,通过在线订单、在线支付、物流配送产品的方式完成农产品的线上销售。较常见的第三方电商平台例如淘宝、天猫、京东、拼多多等,都是面向交易双方或多方提供产品目录、品牌导向、订购、支付、配送等服务撮合线上交易的中介平台,是农产品线上零售和批发的重要渠道。

(四)"农村合作社+公共服务平台+第三方电商平台"模式

这种模式是依托本地公共服务商,通过政策支持、平台建设、优化服务等方式,搭建第三方电商平台与农村合作社间的桥梁,完成农产品的线上销售。公共服务商通常由本地企业、联合社或是两者的综合体等组成,主要负责与政府对接和操办公益活动以及商业运作。而有效的政策环境不仅体现在对硬件基础设施的投入,也有软性支持与服务。这种模式对于农村合作社来讲,可以保证第三方电商平台的专业性和可信赖性;对于第三方电商平台来讲,政府的参与不仅能够保证农产品供应商的安全性和可信赖性,还能使其拥有专业的服务提供商。对于消费者而言,产品和服务更加优质;对于政府而言,能够协助农村合作社实现线上交易,协同解决农产品销售难题,促进第三方服务业的发展。

需要注意的是,在不同的环境下,农村合作社应该根据自身产品特性、经营规模、资金规模、发展需求和对互联网的把握等,因地制宜地选择合适的"互联网+"营销模式,以实现农村合作社的最优化发展。

四、推动"互联网＋合作社"深度融合发展

（一）强化互联网思维，抓住机遇创新发展

当前，"互联网＋"已成为中国现代农业健康可持续发展的重要动力。作为农村新型经营主体的中坚力量的农村合作社，应充分认识互联网经济的本质，以市场为导向，以消费者为核心，随时洞悉消费者需求变化，并以价廉物美的农产品满足需求变化，对传统农业产业进行改造与升级。同时合作社也要意识到，互联网经济已开始逐步渗透合作社的方方面面，直接和间接的影响着合作社生产、经营、科技服务、销售、融资等。农村合作社必须更新观念，增强互联网思维，抓住机遇并发挥自身优势，因势利导积极主动借助互联网平台以寻求更大发展空间。

就农村合作社开展农产品电商而言，合作社必须明确电子商务是拓宽合作社销售渠道，缓解农产品营销困境，推动合作社不断创新发展的有效经营模式，合理优化农业产业与供应链，发挥新特优产品的品牌功能，降低农业生产交易费用，提升农业竞争力和效益。为此，农村合作社加强培育和发展农产品电商意识，强化电商及网络知识的宣传培训；同时完善农产品电商网络设施建设，积极推行农业生产过程标准化，加快建设高效农产品流通营销体系。此外，合作社要积极持续创新发展，在完善电商O2O模式基础上，大力发展订单农业或私人定制，并有效拓展C2C模式，以更好促进合作社电商业务开展。

（二）加强农业标准化生产，完善农产品质追溯体系

互联网思维最重要的一点就是用户思维，尤其是农业生产产品应用网络电商销售，其品种、包装、流通、售后服务都要十分严格，产品何时种植、何时采摘、谁来采摘、保质日期必须齐全可知，借此建立商誉取信于消费者。合作社要充分借助互联网信息技术对农产品生产实施统一标准，控制和提升农产品质量，加大力度通过专业机构的产品质量认证，以此增加顾客对合作社产品质量认可与满意，提高合作社农产品网上营销

能力。

此外,政府及相关部门要指导和督促合作社大力改善农产品品质追溯体系。一方面,要健全农产品安全法规政策,整合相关部门和机构数据资源,制定追溯实施标准。另一方面,要充分发挥政府职能,加强对可追溯农产品进行实时检查与监督,对影响消费者健康的危害行为进行常规监测与重罚,同时对可追溯农产品质量安全经常性随机抽查,不合格者要及时向社会公众曝光,引导和规范合作社企业高度重视,有效推动农产品品质保障体系完善。

(三)发挥政府职能,扶持合作社网络知识与人才的教育培训

当前,扶持"互联网＋合作社"的政策和机制仍不完善,无论是财政、税收,还是设备及信息支持,都需要进一步探索具体支持政策。特别是合作社开展电商业务活动,以及"合作社＋互联网"深度融合发展,都缺乏一批具有网络专业知识与技能的科技人才,且由于合作社的农民成员普遍受教育程度低,计算机等信息化知识技术和能力匮乏,加上观念滞后信息化意识不强,这些一定程度影响和制约"互联网＋合作社"融合。因此,政府相关部门应抓紧出台合作社与"互联网＋"的实施意见,加大财政投入。

除了加强农产品电商基础设施建设外,农业、商务部门应持续加大对合作社以及经营管理人才的教育培训,可考虑建立农村合作社电商网络知识专项培训,因地制宜,面向合作社开展计算机应用、互联网技术等培训课程,积极宣传普及"互联网＋现代农业"知识,引导合作社经营管理人员了解、掌握移动互联网知识与电商技能,提高成员农产品线上销售能力。重点培训电商应用与操作技术,加快专业技术人员培训,增强合作社经营电商能力。

与此同时,要加大农村互联网技术专业人才的引进和培训,政策支持各农业高校、相关教育培训机构,以及电商企业联合发展,积极鼓励高校毕业生村官、返乡创业人员参与到"互联网＋合作社"中,并发挥其掌

握的互联网知识带动合作社成员,有效促进互联网与农村合作社的融合发展。

（四）发挥合作社之间协同效应,加快合作社联合社发展

无论是"互联网＋合作社"深度融合,还是合作社电子商务的开展,都需要有一个集先进的配送、冷链物流和销售服务完整的产业链作为支撑。但是,目前合作社电商开展大多处于"单打独斗",不仅自身缺乏资金、设备、物流、技术服务,而且电商业务配送和冷链物流成本高、流通不配套、产品相对单一、上下线衔接不足,加之农产品生产的季节性,客户分散等问题严重影响了合作社电商的做大做强。

因此,要积极培育联合社发展,通过各类型专业合作社组成联合社,不仅能够整合各合作社的特色与优势,共享信息、技术、市场、客户资源,节省市场交易成本,并通过实行订单式生产,合理协调农产品供需;还可以"抱团出海"解决单独合作社做不好、难做成的问题,发挥"1＋1＞2"的规模效应,拓展农业全产业,增加农业生产经营附加值,有效地促进农村一、二、三产业融合发展。此外,除了加强合作社之间的横向联合外,合作社还需要加强与配送公司、物流企业、工商资本企业、以及高校科研机构的纵向合作,并探索构建行之有效的利益机制,更好地协调促进合作社与互联网融合发展。

（五）因地制宜大胆探索,推动"互联网＋合作社"深度融合

目前"互联网＋合作社"融合发展直接体现较多的是电子商务,实际中不少农村合作社利用互联网快速发展的契机,积极构建各种"互联网＋"合作社营销模式（主要模式在上文已提及）。这些电商销售模式,有效突破传统农业营销模式中信息不对称、流通环节多成本高,以及农产品发生"买贵卖难"难题,并通过提高农业组织化程度,优化资源配置,降低流通费用节省交易时间,促进农产品产销精准对接,从而有效增加合作社及农户的收入。然而,合作社除了在网络上开展农产品销售基础上,还需要不断持续探索互联网与农业全产业链深度融合模式,充分利用现代先进网络知识技

术对农业全产业各生产环节进行升级改造,通过构建现代农业的全产业链模式,以推动"互联网＋合作社"的深度融合发展。

从实际调查可知,近年来,合作社在加快完善农产品电商销售创新的同时,还积极应用物联网知识,大力推进农业精品生产种植,以获取最大化收益的智慧农业模式;而物联网和智能化技术,为农业科技传播、资金贷款、社务管理等提供实时、动态、精准信息咨询,有效推动现代农业可持续发展。

目前"互联网＋合作社"融合还处于起步阶段,许多机制有待于探索与试验。"互联网＋合作社"对于农民来说也是一种新理念、新思维和新模式,无论是从宣传认识上,还是农民认可参与都需要一定的认知过程。另外,由于各地的农业资源条件、经济实力、经营环境、基础设施都不同,因此,合作社与互联网融合发展中切忌急于求成,如盲目跟风上设备、上系统,一定要根据合作社自身条件、发展能力,因地制宜地选择适合的发展模式和路径,考虑从农产品产销衔接、农业全方位服务、科技知识推广等方面入手,循序渐进发展互联网知识与技术应用,在加快发展农产品电商营销模式同时,积极促进物联网技术应用发展的智慧农业模式,以及互联网与现代农业深度融合的产业链模式,从而推动"互联网＋合作社"的深度融合发展。

第四节　规范农村合作社的党组织建设

在农村合作社中加强基层党组织建设,是学习实践科学发展观,密切党同农民群众的联系,巩固提高党在农村执政基础和执政地位的迫切需要和必然要求。合作社党建工作与新农村建设、农业社会化服务、村集体经济发展等基层中心工作紧密结合,不仅有利于推进党的中心工作,还有利于发挥基层党组织在农村工作的战斗堡垒作用。

实践证明,农村合作社党组织建设带动了合作社以及整个农村经济的转型和发展,使农户的效益增加,农村基层党组织更具活力。因此,规范农村合作社党组织建设是农村合作社发展的重要途径之一。

一、农村合作社党组织建设的内涵及作用

(一)农村合作社党组织建设的内涵

农村合作社党组织建设是党组织建设在农村合作社中的具体体现,包括三个方面的含义:一是研究合作社党组织建设的理论科学;二是在马克思主义党的学说指导下所进行的合作社党组织建设实践活动;三是作为理论科学与实际活动两者中介的规范性内容。农村合作社党组织建设的内容包括合作社组织的政治建设、思想建设、成员组织建设、作风建设、制度建设、纪律建设等,具有鲜明的党性和实践性。

农村合作社党组织建设以在农村合作社中设立的基层党组织为核心,充分调动农村合作社成员中党员同志的积极性,发挥党员同志的先锋模范作用;将党员与农民群众紧密结合起来,共同致富,充分发挥党组织的战斗堡垒作用;将党的组织工作与农村合作社组织的经济工作有效结合,维护农民利益,提高农民增收。在农村合作社中建立党组织,对于实现党的意志、完善基层党组织形式、扩大党的群众基础、提高党的凝聚力和战斗力具有重要意义。

(二)农村合作社党组织建设形式

1.单独设立基层党组织

随着农村合作社的数量在不断增加,合作社的优势明显。目前,越来越多的合作社不仅仅局限于同一行政区域和行业,而是扩大规模,开始跨地域、跨行业发展。规模较大的农村合作社组织的成员很多,这样的农村合作社就具备了单独设立基层党组织的条件。

一个合作社组建至少一个新的党组织。一般说来规模较大、生产经营状况相对稳定、党员数量较多的合作社大都单独建立党组织。这一类合作社自身实力雄厚,党员数量众多,符合单独组建党支部的条件;另外,这类合作社产业链较长,规模覆盖多个行政村,社员也来自多个行政村,单独组建党组织便于党员组织关系的管理,利于合作社的发展。

2.与村党组织合并组建

现有的农村合作社中,有相当一部分领办人是村支书或者支部组成人员,合作社理事会成员既是经济能人,同时也是村党支部成员或党员骨干,具备此种条件的农村合作社基本上会采取与所在村党支部合并设立基层党组织的模式。

这些合作社成员一般都在同一村域,并且规模相对较小,与其他合作社的生产经营活动联系不密切,不具备单独或联合成立党组织的条件。由此,村党支部在这类合作社中建立党小组,指导合作社的工作,带动合作社的发展。

合作社通过单独组建和联合组建的方式成立的新党组织一般接受所在地党组织的领导,如若党员都在行政村内一般接受本村党组织的领导,而规模较大、跨村域性较强的则接受镇党委或镇综合经济党委领导。

3.合作社联合组建

基层党组织的设立需要达到党章所要求的标准,但有些农村合作社由于目前单独设立基层党组织的条件尚不成熟,所以一般采取与其他有相同业务的农村合作社联合设立党组织的形式。农村合作社之间的联合,一方面健全了基层党组织的建设,另一方面也促进了行业之间资源的整合。

至少两个以上合作社联合建立一个新的党组织。一般说来规模中等、自身党员数量不多的合作社,大多与其生产经营活动联系较为密切的合作社联合建立党组织。这一类合作社规模不大,党员数量较少,不能满足单独组建党组织的条件,只有与其他合作社联合才能组建新的党组织;而联合组建党组织的合作社之间生产经营活动较为密切,或是分属产业链的上下游,或是加工同类经济作物,或是技术交流、合作关系紧密,联合成立党支部加强了这类合作社的联系与合作,促进了合作社的发展。

4. 建立党小组或者选派党建工作指导员

有些规模较小的合作社,党员人数不多,一般成立党小组或者由上级党组织派出党建指导员。派驻党建工作指导员,这些合作社一般是正副理事长属党外人士,镇、村党组织落实专人联络合作社的党建工作。指导员将一些理念引入到所在农村合作社的经营运行中去,促进了农村合作社的健康发展。

(三)农村合作社建立党组织的作用

党组织建设是党领导的伟大事业不断取得胜利的重要法宝。在农村合作社中开展党组织建设工作既是党加强基层组织建设的客观要求,也是党联系农民群众的具体体现,更是提高党的执政能力的要求。

1. 有利于增强基层党组织的创造力、战斗力

合作社基层党建的重要载体在农村合作社中加强党组织建设有利于发挥党员先锋模范的带头作用,发挥党支部的带领作用,及时宣传、解读党和国家关于合作社发展的相关政策,增强合作社对政策的认知,提高合作社成员的政治意识;同时积极参与合作社各方面建设,促进合作社健康发展,无论是在经济领域,还是教育工作领域,都能在一定程度上增强党组织的创造力和战斗力。通过党支部推动合作社发展,也有利于提高党在群众中的威信,及时了解基层党员群众的生产生活情况和思想动态,有利于基层党组织做到更加紧密地团结群众、联系群众。

2. 有利于进一步扩展农村基层党建的路径

首先,合作社党建创新了党组织设置模式,打破了按照行政区划设置党组织的传统做法,依据农业生产经营方式和组织方式的发展变化,使党组织的设置更加灵活。在合作社等新型组织进行党建,创新了党建

的实践载体,符合党建的工作机制,将思想政治工作与农业农村经济社会发展进行紧密结合,能够充分发挥党组织在社会主义新农村建设发展中的政治核心作用。

3.有利于扩大农村党组织的覆盖面

合作社党建工作的开展,做到了"哪里有群众哪里就有党的工作、哪里有党员哪里就有党组织、哪里有党组织哪里就有健全的组织生活和党组织作用的充分发挥",使党组织的覆盖面延伸横向到边、纵向到底,将党组织意志贯穿到每一个农户以及农业产业链各个环节,有利于实现党的政治领导和合作社经济效用的结合,充分调动合作社的生产积极性。

4.有利于彰显党组织的先进性

党的先进性在农村的具体表现,就是党组织和党员在发展现代农业、培养新型农民、带领群众致富、维护农村稳定等方面的能力,以及在建设社会主义新农村中的核心作用和执行力。各地在开展合作社党组织建设中,注重把成员中的致富能手培养成党员,把党员干部培养成合作社骨干,体现了"三个代表"的要求,为保持和发展党的先进性创造了条件。

5.有利于拓展创先争优活动的平台、促进合作社规范发展

合作社党组织的建立,为农村基层党组织开展创先争优活动增添了活力,成为创先争优活动中重要的一个项目,丰富了创先争优的内容。各地在开展合作社党建工作,坚持"有利于合作社发展、有利于党员培养、有利于党组织作用发挥"的原则,能促进"党组织巩固、合作社发展、老百姓受益"。

进行党组织建设有利于合作社及时组织党员学习党的文件,向群众宣传党的主张,使得合作社成员对党的大政方针和国家强农惠农的一揽子政策的把握更及时、更全面、更准确,健全各项制度,规范管理,增强成员的向心力。

二、加强农村合作社党组织建设

目前,农村合作社的党组织建设仍然是农村基层党建工作中的新事物,跨地域的合作社越来越多,有的已经跨省发展成员,开始面临如何科学设置和管理党组织的问题,需要在管理制度和方式方法上积极探索和总结完善,对合作社的党组织设置、管理关系、基本任务、党员组织生活、专业型党建工作人才培养等做出具体规定,提供有力制度保障。因此,在农村合作社党组织建设工作中,可从以下几个方面完善:

(一)理顺关系,处理好合作社"党建"与"建党"

合理配置、有效协调平衡合作社与党组织的关系,形成既相互独立又相互促进,既相互约束又相互补充,权责明确、高效运转、有机统一的权力架构和运行机制,以实现加强党的基层组织领导和农村经济规模化发展的目标。

加强农村合作社党组织建设工作的重点是解决党的工作覆盖问题,即如何让合作社党员在政治思想上保持先进,在业务技能上发挥专长,在各项工作中起先锋模范作用,进而团结凝聚社员群众共同推进合作社的发展壮大。其次是党组织建设问题,而不是形式上追求在农村合作社中组建多少个新的党组织。合作社党建应坚持因地制宜、分类指导,根据经营规模、生产区域、成员分布、产业链条等情况区别对待,坚决防止一刀切。主管部门应该对合作社党组织建设实行监督考核机制,确保合作社党建工作健康、有序发展。

(二)创新党组织设置模式,加强党员管理

在农村合作社中建立党组织,应该在不改变原来村级党组织领导核心地位的前提下,本着有利于合作社党组织开展工作、有利于党员参加活动的原则,因地制宜、灵活多样、讲求实效,对农村党员实行分层分类管理。当经营规模较大,产业链延伸至生产、加工、销售等多个环节时,跨村、镇区域的合作社可探索推进建立新的党组织;当生产品种单一,经营规模不大,成员多属本集体经济组织的合作社或村级集体资产直接参与的合作社时,可在原党支部建制内划分若干个专业党小组,安排社员党员的组织生活,开展小组活动。

上级党组织应该为下级党组织建立过程提供理论支持和对口帮扶,帮助他们因地制宜、科学设立党组织。第一,对党员大多来自本集体经济组织的合作社,新建党组织原则上应隶属于本集体经济组织的党组织,这样有利于稳定当地的党组织结构,保持原有党组织的威信和核心地位。第二,在本镇区域内跨多个行政村且实力较强的合作社,新建党支部可探索直接隶属镇党委。第三,个别在区(县)范围内产品有一定特色、行业技术性较强的合作社,新建党支部可探索隶属区县农业技术推广部门党组织。

党员的管理应该坚持"属地原则为主,属人原则为辅"的原则。党员参加合作社的地方与居住地不一致时,原则上应该在合作社参加组织活动,并接受合作社党组织管理。尽量避免对合作社党员的双重管理,减少对身份识别、党费缴纳、组织活动方面的尴尬。

(三)明确合作社党组织功能定位,建章立制

首先,明确合作社党组织的功能定位。合作社党组织要在成员中发挥政治核心作用,承担宣传党的方针政策,参与合作社生产经营管理等重要职责,与成员(代表)大会、理事会之间是协助配合关系,与监事会之间是支持指导关系。党支部重点要把政治素养好,带领群众致富意识强,懂经营、会管理,热心服务、群众公认的党员选进合作社理事会、监事会。其次,把建章立制作为完善农村合作社党建治理结构的重要内容。在《农民专业合作社法》修订中,将合作社基层党组织建设及发展配套内容纳入其中,依法治党;完善合作社党建在政治建设、思想建设、成员组织建设、作风建设、制度建设、纪律建设等方面的规划和制度,保证合作社党建在政治进步性、组织功能性、经济促进性和社会稳定性方面积极作用的发挥。

（四）完善合作社党建工作的部门共推机制，和合共进

农村合作社党建应成为镇村党组织的一项重要职责，因为镇村党组织对合作社的党员个人情况都比较熟悉，便于镇村党组织对于合作社党员的教育、管理和监督，这也符合党员属地管理的要求和社会组织扁平化发展的趋势。

农业部门应当与镇村党组织形成共推机制，和合共进。农业部门在对合作社生产经营进行管理、服务的同时，应当就地区合作社整体发展状况经常与镇村党组织进行沟通，以便镇村党组织及时掌握合作社的发展态势和必要信息，明确合作社各发展阶段党建工作的重点。同时，农业部门要继续扶持合作社发展，指导合作社做大做强，积累合作社经济基础，为合作社党建工作提供必要的财力和物力支撑。

（五）坚持农民利益为首，创造合作社党建蓬勃生命力

农村合作社党组织建设中，党员成为合作社中带领群众致富的骨干，农民在合作社的发展壮大中实现了利益最大化，合作社党组织受到广大农民的衷心拥护，不少合作社从开始时对建立党组织的犹疑、抵触到主动要求、积极支持，合作社党组织建设展现出了强大的生命力。事实证明，只有始终坚持全心全意为人民服务的根本宗旨，把群众利益摆在首要位置，合作社党组织才能够"建得起、站得住、立得牢"，实现健康永续发展。

（六）强化组织建设，促进合作社党建稳步、长效发展

农村合作社党组织建设工作的开展离不开农村合作社党员成员专业素质强、党务知识强、协调能力强等优势，所以注重让具备一定政治素养、威望高、懂经营、善管理、会服务，又有技术专长的党员任支部委员，使合作经济党组织参与协会决策能力得到保证，制度得到执行，这样合作社才能发展得更好。同时，把发展党员作为加强合作社组织建设的一项重要工作，作为推进党员人才工程建设的一个重要抓手。合作社党建要把合作社里的致富带头人和技术骨干推荐入党，吸收他们参与党的活

动,接受党的启蒙思想教育,使他们在实践中经受锻炼,增长才干,提高思想政治素质和业务能力。

(七)重视强化教育培训,提高合作社党员业务素质和能力

为提高合作社党员的致富本领和带领群众致富的本领,党组织应该积极探索适应专业合作社经济组织党员教育和管理的方法,加强支部成员理论和科技知识的学习。通过学习,要求合作社中的党员带头开拓市场,带头科研攻关,在紧急情况下冲锋在前,在生产经营中不偏离正确的轨道,为成员做出榜样,使党的活动真正为党员和社员所欢迎。同时,合作社党建围绕党员素质提高和能力培养活动,切实加强对合作社成员的教育培训和实践锻炼。

第八章 农村合作社运营与发展案例展示

案例展示是合作社相互分享、学习,促进发展的重要方式。

第一节 党建引领产业兴社

加强党建引领是农村合作社规范化建设的重要路径。广东省茂名市电白区谭儒种养专业合作社、山东省莱州市田家村金丰农业专业合作社、贵州省安顺市大坝村延年果种植农民专业合作社等在探索"党支部＋农村合作社＋农(牧)户"党建富民模式中,发挥了党员带头作用,走出了党建引领风采,促进了合作社规范化建设,带领着村民走上了促产增收的合作共赢之路。

一、党建引领促合作,合作发展富农户

——广东省茂名市电白区谭儒种养专业合作社

(一)合作社概况

广东省茂名市电白区谭儒种养专业合作社成立于 2013 年,在村党支部的支持带领下,立足发展当地萝卜产业,引导村民以土地经营权等要素作价出资入社,现有成员 517 个,其中贫困户 92 户,萝卜种植面积 1100 亩,带动种植 4500 亩。成立以来,合作社不断加强成员内部合作,强化合作社与企业等联合,不断提高种植规模化、标准化水平,推进产加

销一体化发展,取得了产业兴旺、村强民富、乡村治理有效的良好成效。在合作社带领下,2019年谭儒村萝卜年产值超过2600万元,贫困户全部脱贫摘帽。合作社探索出了一条村社共建、产业扶贫、合作共赢的发展路子。

(二)合作社经验

1.支部引领,为合作社发展夯基把脉

村党支部充分发挥组织优势,为合作社规范发展提供了坚强的组织保障。

(1)把握产业发展方向。谭儒村有萝卜种植、加工传统,出产的萝卜干以"咸、香、甜、脆、鲜"享誉一方。为提升萝卜产业规模化、标准化、品牌化水平,谭儒村党支部组织带领农民群众,通过领办合作社,盘活土地、资金等要素,促进了萝卜产业不断发展壮大。

(2)增强农民合作意愿。村党支部书记带领村干部现金出资入社,示范带动农户增加现金出资,拓展合作社资金来源。合作社制定党员结对帮扶制度,由入社党员带领全村有劳动能力的贫困户发展产业。同时,积极争取驻村工作队帮扶,将省产业扶贫资金量化到贫困户,在征得贫困户同意后,以贫困户名义出资入社。

(3)引领合作社规范管理。村党支部书记被选举为合作社理事长,优秀的村干部和村民小组干部被选举为合作社理事会、监事会成员,发挥党员先锋模范作用。加强资金特别是财政资金管理,明确财务人员岗位职责,设立财政项目资金专账,实现财务收支账款相符、账账相符、账物相符,项目资金专款专用,确保资金安全运作。

2.强化合作,整合盘活产业链资源

合作社通过要素合作、提供服务、社企合作等多种方式,有效激活了各类资源要素,促进了产业发展。

(1)丰富出资方式土地经营权作价出资:引导425户农户以土地经营权作价出资入社,流转土地1100多亩。现金出资:村干部示范带动农户现金出资,将扶贫资金量化到贫困户后出资入社,拓展合作社资金来源渠道。提供贷款担保:合作社为54户有劳动能力的贫困户提供贷款担保,每个贫困户贷款5万元,作为自主种植萝卜的启动资金。

(2)强化内部合作。实行规模种植:合作社在流转土地的基础上,完善基础设施,采取反租倒包形式,承包给种植大户,并为其提供生产经营服务。服务带动种植:充分发挥合作社"生产在家、服务在社"优势,不断发挥示范带动作用,带动邻村农户种植萝卜860亩。提供就业岗位:合作社安排贫困户和村民到合作社务工,每人日工资100元。

(3)加强外部合作。社校合作:2019年合作社与华南农业大学合作共建"振兴乡村工作站",研究制定节水灌溉、高效低残病虫害防治和标准化加工方案。在萝卜种植基地进行科学育种、优化品种,不断改良萝卜品种,提升种植技术水平。社企合作:合作社与食品公司联合办厂,将谭儒精品萝卜干制作、包装成"茂德公"系列产品,品质优良,风味极佳,一上市便供不应求。

3.多渠道拓展,强化合作社市场运营能力

(1)坚持技术引领,提升产品品质。合作社注重技术培训,累计培训32场,培训1.2万多人次,积极推广使用大型耕整机、高效植保无人机等先进农机具,对萝卜种植实行统耕、统种、统防、统治,有效提高了萝卜产量和品质。

(2)延伸产业链条,提高产品附加值。2018年,合作社自建加工厂,生产萝卜条、萝卜丝、萝卜片等产品,注册"谭儒萝卜干"商标,建设萝卜干批发零售一条街,不断拓展销售渠道。

(3)联动发展,增强合作社带动能力。合作社积极推动邻村合作社、家庭农场和村民资源整合,联结了13家合作社、3000多户农户,种植面积扩展到2万亩。按各村自然条件和种植习惯进行产业规划布局,联合建设农产品加工厂和冷链库,开展萝卜精深加工。

4.合作成效初显,探索出乡村发展治理新路径

(1)带动村民就业增收。合作社就近提供就业岗位500多个,为贫困户劳力提供3000元的保底月薪,年底还有分红。据统计,自合作社成立以来共为贫困户发放工资达600多万元,为其他村民发放工资4000多万元,不仅实现了所有扶贫对象的精准脱贫,还带动了全体村民共同致富。

(2)强化基层党建。合作社发展给村集体带来了明显收益,使村集体有条件改善村内民生设施。村内先后投入资金600多万元,完善村内道路、路灯、水渠、机耕路等公共基础设施,开展美丽乡村建设,打造千亩萝卜基地和乡村特色旅游基地。基础设施完善和产业发展让村民尝到了甜头,得到了实实在在的实惠,村党支部的声望和凝聚力大大增强。

(3)推动乡村有效治理。随着萝卜产业快速发展,许多在外打工的村民纷纷返乡加入合作社,年轻人的回流不仅解决了劳工紧缺问题,还解决了村内留守儿童和老人无人照顾的难题,形成了家庭和美、村民和睦、村内和谐的良好社会氛围。

二、党支部领办合作,合作社团结一致强实力

——山东省莱州市田家村金丰农业专业合作社

(一)合作社概况

田家村位于莱州市文峰路街道,在市东南3公里处,村内206户共计750人。该村原是当地出了名的落后村,2017年集体经济收入为零,农作物种植以小米、小麦、玉米为主,其他经济作物较少,村民创收能力较差。2017年新领导班子上任后,通过成立田家村老干部委员会、田家村慈善义工协会、田家村青年志愿者创业团队,推动了农村社区内部乡风文明问题解决,形成乡村善治的保障机制,原本涣散的党群关系得以优化,为进一步发展村集体经济和合作经济打下了坚实的群众基础。

2019年,山东省烟台市将党支部领办合作社作为全市农村基层党建

的重点项目,通过农村党建的发展来牵引农业社区内党支部建设规模,尝试利用基层党支部的威信来组织群众发展农村社区合作社,实现农村合作经济与村集体经济发展融合互促。这一项目实施至今,烟台市共形成 660 家村党支部领办合作社,占当地行政村总数的 10% 以上,新增集体收入 1.5 亿元,入社群众增收 2.8 亿元。

（二）合作社经验

2018 年 6 月,在当地党群关系、乡风治理环境得以全面整改的前提下,田家村成立金丰农业专业合作社。该合作社以壮大集体经济、促进农民增收为目的,以生态田园为宗旨,以"旅游＋生态＋特色农业"为目标,通过全程社会化服务来发展现代特色农业,推动合作社规范发展,形成了极具推广价值的党支部领办合作社发展样板。

1. 强调以村党支部为核心的基层组织建设

田家村以村党支部为核心,以 3 个民间自治组织为支撑,形成合作社的团队凝聚力。如以老干部委员会、慈善义工协会来聚集乡贤与妇女的力量,发挥亲缘、人缘与地缘优势,解决村庄内部矛盾,对合作社经营、乡村治理相关事务进行决策,提高农村社区组织化水平,为合作经济发展打下坚实的组织基础;利用青年志愿者创业团队的市场开拓能力来组建合作社营销团队,为合作社提供产业助力。

2. 以逆向营销手段切入市场

金丰农业专业合作社通过广泛的市场调研认识到,如果有好的产品但缺乏市场的认可,产品只能流于低端,无法实现增收提效。合作社在发展中充分利用村党支部的凝聚力,花大力气打造田家村文化品牌,突出田家村丰富的文化积淀和人文情怀,让文化品牌赋值于合作社产品。很多合作社是先有产品,后找市场;而金丰农业专业合作社是先找准市场,再开发产品。

3. 突出文化品牌建设

合作社与村集体通过共同开发村庄文旅项目,深挖文化品牌。召开

"田家村首届小米丰收美食节""三月三民俗节""五月桃花节",设计了"稻草人童话小镇寻宝""稻草人制作比赛""自行车慢骑比赛""限时抢小米比赛"等娱乐互动项目,自创了"小米豆沙粑粑""小米夹糕""小米丸子""小米十二生肖"等小米食品,结合大型演出活动,游客纷至沓来,在宣传田家村生态旅游文化的同时,也为田家村小米的销售提供了助力。合作社注册了"天福山"商标,开发了"大美田家"公众号、"田家农场"农产品销售网站,线上线下合力来推广宣传田家村文旅项目和合作社农产品。

4.强调社会化服务的有序供给

合作社在产前环节实行操作规程五个统一:统一品种、统一技术、统一防治、统一指导、统一销售;产中则强化成员的能力提升,通过农技培训来提高农户种植技能,引导成员接受合作社先进管理经验,实现标准化种植;产后则强调通过多渠道营销,打好文化牌,做好"一村一品",将田家村小米产业链做大做强,实现以销定产。

5.坚守合作社的本质规定

合作社重大决策由成员代表大会决定,一般经营决策由理事会决定。合作社现有成员197户,均采用现金入股加土地入股双重入股模式,现金股每人1股,500元1股(理事会成员也是1股),土地入股为每户2~3亩折合1股土地股,不接受外来企业入股和单独的成员现金入股。农户通过土地入股合作社后,在合作社组织管理下在自有农地上从事生产,种植小米平均每亩产量350斤,300斤按高于市场4元/斤的价格回收,50斤自留。合作社形成3次返利机制:一是农产品收购和统一包装进出价差价的收益;二是深加工农产品盈利的分红,其中10%用作公积金、10%用作公益金,60%按照与合作社交易量分红,10%按资金入股比例分红;三是深加工农产品盈利的10%,用于农民帮助合作社售卖深加工产品的绩效返利,做到所有者与惠顾者相统一。

三、党建聚人心，产业拔穷根

——贵州省安顺市大坝村延年果种植农民专业合作社

（一）合作社概况

贵州省安顺市大坝村延年果种植农民专业合作社是由 8 名党员发起组建，带动全村 366 户农户全部以土地经营权作价出资加入合作社，通过"四统一"模式种植金刺梨 5000 余亩，构建利益共享、风险共担联结机制，提高了村民收入，壮大了集体经济，大坝村也发展成为远近闻名的"别墅村"。

贵州省安顺市西秀区双堡镇大坝村，原属省级贫困村，该村土地贫瘠、缺水严重，曾流传着"大坝大坝，烂房烂瓦烂坝坝，小伙难娶，姑娘外嫁"的民谣。2011 年年底，村党支部书记陈大兴组织 8 名党员发起组建安顺市大坝村延年果种植农民专业合作社，建立起"村社合一"的合作经济组织，按照"党支部＋合作社＋基地＋农户"模式，把村"两委"、合作社和村民联结成为紧密的利益共同体，充分调动起各方的积极性和主动性。合作社牢牢抓住产业发展这个"牛鼻子"，持续探索、艰苦奋斗，大力发展特色种养业、农产品加工、乡村旅游等多元化产业，全村人均年收入从 2008 年的 1928 元增加至 2018 年的 12980 元，贫困发生率从 2008 年的 44.2% 下降至 2018 年的 1.49%，实现了从省级贫困村到省级小康示范村的华丽转变。

（二）合作社经验

1. 突破思想落后短板，建立坚强基层堡垒，实现党建强村

农村富不富，关键看党支部。合作社以党支部建设为抓手，通过抓好党建工作，聚人心、带队伍、谋发展，充分发挥支部示范带动作用，实现基层党建和农村经济发展互动双赢。

（1）支书领头。合作社的发展，带头人是关键。作为村党支部书记的陈大兴，先后带领村民养牛，种植烤烟、中草药、竹荪，积累了丰富的种

植养殖经验,培养了闯市场的意识。2008年,陈大兴率先引进种植的30亩金刺梨取得成功,村民们迅速跟进,获得了丰收。陈大兴还多次为村民和村集体贷款发展金刺梨,贷款总额达2000余万元。合作社使大坝村金刺梨产业从小到大,成为安顺市最大的金刺梨育苗和种植基地。

(2)支部带头。村党支部在合作社发展中发挥着不可替代的作用,通过大力加强基层党建,深入开展议事决策、入户走访、交纳党费、重温入党誓词等主题活动,增强党支部的核心凝聚力。以村党支部为核心,建立企业、合作社、村民共同参与的"一核多元、村社联动"组织体系。

(3)"干"字当头。依托大坝村延年果种植农民专业合作社,大坝村大力推动"三权"促"三变",全面进行土地确权登记,发动群众将土地经营权作价出资合作社,由合作社统一发展产业,实现土地规模化、集约化经营。大坝村366户农户全部以土地经营权作价出资合作社,合作社经营土地面积5000余亩。在引进金刺梨并进行规模化试种和试育苗初见成效后,合作社迅速调整农业产业结构,在种植业基础上拓展养殖业,合作社的产业越来越广,经济效益不断提升。

2.突破传统农业桎梏,建立特色产业链条,实现产业兴村

按照种养结合、工农结合、农旅结合的思路,合作社大力发展多元业态农业,推动农业"接二连三"。

(1)种养结合。合作社采取"支部+合作社+基地+农户"的组织方式,构建起党支部带合作社、合作社带产业、产业带村民的发展模式。种植金刺梨5000亩、晚熟脆红李1200亩、雷竹300亩、黄金菊50亩。种植牧草500亩、林下养鸡10000羽。利用山塘资源种植荷花、莲藕等300亩。利用荒坡荒地发展养殖业,建有300头肥牛养殖项目。合作社逐步形成了覆盖山上、地面、水下,农牧禽结合的立体循环种养业体系。

(2)工农结合。坚持"用工业的思维谋划农业"。针对金刺梨规模化种植后出现的滞销问题,在深入开展市场调研后,合作社组建了贵州大兴延年果酒有限责任公司,建成年产5000吨果酒的贵州大兴延年果酒

厂。2018 年年底新出产的金刺梨啤酒、金刺梨果汁一上市就深受广大消费者喜爱,产品供不应求。目前,酒厂已提供稳定工作岗位 150 个,全面投产后年产值达 3 亿元。

(3)农旅结合。依托毗邻九龙山国家森林公园的区位优势,合作社充分发挥村内果园、田园的生态优势,积极发展乡村旅游产业。在金刺梨花开时节举办赏花活动;在李子、桑葚等果实成熟时举办采摘活动;利用闲置的房舍发展乡村民宿,开设农家乐和农家旅馆。合作社引进青岛榕昕牧业集团有限公司,投资 1.5 亿元,建成占地面积 2000 亩,集奶牛养殖、奶制品加工、亲子娱乐等为一体的生态牧场。牧场养殖奶牛 300 头,日产鲜奶 1000 千克,每年游客接待量突破 2 万人次。

3. 突破村级治理壁垒,建立利益联结机制,实现美丽乡村新跨越

合作社始终践行共享发展的理念,在发展村集体经济的同时,建立村民增收长效机制,与村民共享发展成果。

(1)推行了"四个一"增收模式。合作社在产业发展中,推动大坝村形成了"入一份股、打一份工、创一份业、建一亩园"的增收模式。入一份股:全村 95% 的土地作价出资合作社,由合作社统一管理,村民入社率 100%。打一份工:优先安排贫困户在合作社和酒厂上班。创一份业:鼓励村民自主创业,开办农家乐、农家旅馆等。建一亩园:引导村民种植金刺梨、脆红李等精品水果,以及甜高粱、黑麦草、墨西哥玉米等牧草。

(2)建立了普惠分红机制。合作社对入社贫困户和非贫困户分红进行区别对待,建立了"136"和"235"利益分配机制。针对贫困户实行"136"分红机制,即 10% 作为村集体发展基金、30% 作为管理费用和劳务开支、60% 按照土地作价出资比例分配。针对非贫困户村民,采用"235"分红机制,即 20% 作为村集体发展基金、30% 作为管理费用和劳务开支、50% 按照土地作价出资比例分配。目前,合作社累计分红 2000 多万元,其中 55 户贫困户户均年分红达 7000 元,村民的年人均收入达到 15000 元以上,人人都从产业发展中获得了实实在在的好处。村集体收入达

350 万元,较 2016 年增加 200 余万元。

(3)推动了美丽宜居村庄建设。合作社的发展带动了农民增收,也增加了村集体的积累,积极进行美丽乡村建设,着力改善村民生活质量。在基础建设方面,以"四在农家,美丽乡村"建设为抓手,大力推进基础设施建设、生态环境治理等人居环境综合整治,实现通组路、联户路全覆盖。在村庄建设方面,按照"统一规划,统一设计"的原则,高标准高起点制定村庄住房建设规划,实施"家家别墅"计划,已建成外观统一、风格独特的小型"微田园"农家别墅 130 余栋。在文化建设方面,借助"智慧乡村计划"和"七个一"工程,实现全村主要公共场所 Wi-Fi 全覆盖,建成村文化活动室、文化广场、村卫生室、图书室等一批公共场所,并组建地戏队、福头协会、山歌队等文化活动组织,传承恢复传统农耕文化和文化项目。在社会福利保障方面,乡村幼儿园项目已经落地建设,合作社每年给村里考上大学的学生发放奖学金,为全村 180 多名 60 岁以上老人缴纳医保等,确保广大村民有学可上、有病可看、有房可住,幼有所抚、弱有所助、老有所养。

第二节　合作共赢助力脱贫

全国贫困地区 72 万多家农村合作社发挥对贫困人口的组织和带动作用,发展特色产业脱贫。甘肃省景泰县常顺养殖专业合作社、辽宁省西丰县芝草养生谷灵芝专业合作社、湖北省钟祥市荆沙蔬菜种植专业合作社等攻克种植养殖技术难关,提升产业科技含量,充分调动贫困群众生产积极性,把贫困群众嵌入产业链,实现资源共享、风险共担、产业发展可持续。

一、特色养殖奔富路合作共赢惠民生

——甘肃省景泰县常顺养殖专业合作社

（一）合作社概况

甘肃省景泰县常顺养殖专业合作社在完善章程制度、健全组织机构、科学经营管理的基础上，依托当地羊产业，将分散养殖户组织起来，通过提供"五到户"的专业服务，共享市场信息和技术信息，实现经济互助和技术互助，扩大了养殖规模，延伸了产业链条，增强了产业竞争力，促进了农户增收致富。

景泰县常顺养殖专业合作社成立于 2017 年，现有成员 260 户，是集肉羊养殖、收购、屠宰、加工及销售于一体的合作社，建有养殖基地 1.9 万平方米、羊舍 469 栋、屠宰加工车间 1 处。合作社现有存栏肉羊 6.6 万只，年出栏商品肉羊 20 余万只，销售额 1.2 亿元。2019 年合作社成员人均可支配收入达 2.1 万元，比非成员高 5350 元、高出 34.2%。合作社极大地促进了当地羊产业的快速发展，为农民增收致富开辟了一条有效途径。

（二）合作社经验

1.强组织，为合作社发展提供坚强保证

合作社坚持"民办、民管、民受益"，建立健全组织结构，成立了成员大会、理事会、监事会，明确了理事会和监事会的工作职责，做到分工明确、管理科学。合作社建立了财务会计、盈余分配、安全生产等规章制度，做到以制度管事管人。合作社坚持高标准、优服务，实行统一饲养、统一引畜、统一育肥、统一防疫、统一销售的运营模式，实行经济互助、技术互助"两个互助"和市场信息共享、技术信息共享"两个共享"，促进羊产业不断发展壮大。

2.优服务，为成员养羊创造良好条件

按照"党支部＋合作社＋基地＋农户"的经营管理模式，合作社为成员提供"五到户"服务。

（1）信息宣传到户。合作社采用广播宣传、业务培训、手机微信、宣传材料、入户讲解等多种形式，将技术、销售等信息宣传到户，使每个养殖户都能及时掌握养殖技术和市场行情，做到养殖、销售心中有数。合作社投入 50 多万元，在养殖基地和寺梁村委会建成养殖科普站，购置了电视、电脑、投影仪和功放等设备，收集、购买相关科普图书 1500 余册。合作社利用"科普日""科普之冬春""科技活动周"等活动，发放各类科普宣传资料 1.6 万多份（册），光盘 450 套，覆盖养殖户 2600 多人次。合作社每年举办培训班，邀请甘肃农业大学，市、县农业农村局，科协专家进行授课，采取养殖大户现身说法、现场示范等形式，对成员进行养殖技术培训。

（2）生产服务到户。合作社为成员提供"三统一"服务。一是统一供种。合作社统一引进纯种种羊，按成本价提供给成员，既节省了购买成本，又保证了种羊品种纯正。二是统一防疫。合作社根据不同季节的潜在病疫，发放防疫资料，按统一的操作规程进行疾病预防。三是统一销售。合作社与客商直接联系，统一销售价格，既维护了市场秩序，又保证了成员经济效益。

（3）优惠政策到户。一是争取"贫困母亲·幸福"工程养殖扶贫项目资金 30 万元，以此作为保证金，为成员获得贷款 300 万元。二是争取中央财政支持社会组织参与社会服务项目资金 30 万元，合作社以此购入种羊 200 只，有力带动了贫困成员的发展。三是争取双联惠农贷款、妇女小额贷款、牛羊蔬菜贷款等贷款共计 400 多万元，为成员养羊提供了资金支持。

（4）物资供应到户。为满足成员需求，合作社积极与各大饲料公司和兽药经销商联系，成为一级代理商，将饲料、兽药统一销售给养殖户。同时，合作社还为养殖户提供配套技术服务，解决了养殖户饲料供应、养殖技术等一系列问题，深受养殖户欢迎。

（5）产品收购到户。合作社在村设立收购点及时收购成员出售的羊只，将活羊或经屠宰加工后的羊统一销往兰州、西宁、新疆等地，延长了产业链条,提升了经济效益。

3.建基地,为合作社发展奠定坚实基础

合作社投资800多万元,建成9000平方米的现代化养殖示范基地,建成面积266亩、能同期存栏6万只、年出栏20万只商品羊的养殖小区。养殖小区秉持建一流基地、养精品羊、供放心肉的理念,坚持标准化建设、科学化管理、优质化生产、产业化经营的发展思路,严格按照现代化生产管理模式和养殖技术进行科学饲养。合作社通过了ISO9001质量管理体系认证,羊只经屠宰、加工、分割、包装后,冠以"昌林山"商标对外销售,帮助成员获得了更高的附加值,有效提高了寺梁村乃至全县群众养羊的积极性。

4.惠成员,为合作社发展实现共赢目标

合作社以发展养殖、助农增收、富民兴社为目标,着眼生产资料和种羊供应、养殖技术服务、羊只收购等关键环节,处处为成员着想、事事为成员出力,认真建好成员账户,记录好每一个成员出资、交易情况,使广大成员从合作社中得到最大的经济实惠。合作社与养殖户签订协议,将断奶小羊发放给农户饲养,与养殖户结成利益共同体,采取低价的生产资料、无偿的技术培训、便利的市场信息服务、高于市场价0.5~1元/千克的收购价格等措施,帮助成员有效规避了养殖风险和市场风险,增强了养殖户成员的凝聚力和向心力。

5.聚合力,为合作社带贫益贫拓宽渠道

合作社所在的寺梁村耕地面积少,种植结构单一,农户家庭主要种植饲料玉米,经济收入微薄,生活拮据。合作社通过向贫困户无偿提供优良母种、饲料配方、兽药和防疫等服务,并通过为贫困户垫付饲料款、对部分特困户减免饲料款等,带动贫困户养羊,增加收入。此外,合作社还吸收10多户本村贫困户在合作社长期务工,每年每户可增收5000元。目前,寺梁村60%的贫困户已自愿加入合作社,贫困户自主脱贫的内生动力明显增强,合作社已成为带动贫困户精准脱贫的新引擎。

二、发展特色产业助力精准扶贫

——辽宁省西丰县芝草养生谷灵芝专业合作社

（一）合作社概况

1.合作社简介

芝草养生谷灵芝专业合作社成立于 2011 年，位于辽宁省铁岭市西丰县胜利村。合作社现有成员 103 名，建有灵芝大棚 368 栋，覆盖面积达 300 亩，凭借地理优势与资源优势，已成为东北三省有机灵芝种植规模最大的合作社之一。

西丰县地处辽北山区，交通不便，基础薄弱，产业单一，是辽宁省级贫困县，全县 25 万农业人口中有贫困人口 4.19 万人。胜利村为推动村民早日脱贫致富，经村"两委"班子成员研究，由村党支部原书记牵头，创办合作社。通过广泛的实地考察，合作社发现本地有灵芝种植历史，相关技术比较成熟，也适宜土地资源紧缺的地区种植，市场发展前景较好，因此决定发展灵芝种植产业。成员以土地、劳动力、资金等要素入股，合作社集中流转成片土地，用于建设灵芝生产棚，形成生产基地，每 2 栋棚配置 1 名成员负责生产管理，实行统一品种、统一产中管理、统一收购、统一销售，为成员搭建全方位服务平台。

2.合作社成果

西丰县芝草养生谷灵芝专业合作社以市场需求为导向，精准定位品牌，改良栽培技术，创新灵芝产品，并以"世界灵芝看中国，中国灵芝看西丰"为发展目标，不断探索发展道路，强化服务能力，拓宽业务领域，加大对周边贫困户的带动能力，形成"合作社＋基地＋贫困户＋科技"的产业化经营模式。在合作社的示范引领下，不少村民都加入到灵芝种植队伍中，掌握了实实在在的手艺，从产业发展中切实受益。2019 年，合作社年产灵芝实体 65 吨、灵芝孢子粉 15 吨，年销售额达到 1800 万元，年净盈余达 240 万元。同时，合作社获得"辽宁省创新创优质量双承诺单位"等荣誉称号,带动胜利村成为远近闻名的"灵芝村",使灵芝种植成为有奔头的产业,带领村民走上脱贫致富的道路。

(二)合作社经验

1.开展技术创新,推动产业转型

合作社坚持"生态、健康、营养"理念,培育灵芝特色品种,改良栽培技术,引领当地产业转型升级。为保障灵芝的产量与质量,合作社采用改良的立体栽培技术,灵芝种植成活率由过去的90%提高到98%,每个灵芝大棚的运营成本也由原来的1.7万元下降到1.4万元,真正实现了节本增效。

在灵芝生产中,一些生长畸形、卖相差的灵芝往往被当作废料扔掉。为减少浪费,合作社投资30万元,购入现代化养殖设备,建立了可容纳5000只以上肉鸡的养殖场,将废弃灵芝制作成灵芝粉,搭配松针粉、谷物、豆粕等基础饲料饲养灵芝鸡,生产灵芝鸡蛋,使废弃的灵芝变废为宝。经检测,灵芝鸡产蛋的胆固醇比普通鸡蛋低40%、卵磷脂高200%,每枚鸡蛋售价达到3元。新产品得到了市场的认可,也提高了入社成员的收入。合作社从地方特色资源找到了产业发展的突破口,推动了西丰当地产业转型升级。

为实现灵芝全产业链延伸,进一步挖掘增值空间,合作社建设了化验室、发菌室、接种室、生产车间和库房等专项用房,引入国内先进生产设备和生产技术,实行标准化生产流程,统一原料生产和供应。合作社严格按照有机标准管理生产经营全过程,种植过程不使用农药和激素,保障产品质量。高质量的灵芝产品获得了有机认证,得到了市场的肯定,合作社荣膺"中国3·15诚信品牌""中国灵芝行业最具影响力品牌""辽宁省优秀产品"等称号。

2.理清经营模式,增强发展动能

合作社不断探索发展道路,强化服务能力,拓宽业务领域,提升综合实力,加大对周边贫困户的带动能力,形成了"合作社＋基地＋贫困户＋

科技"的产业经营模式。

（1）通过"技术帮扶＋互助金分红"，吸纳贫困户入社。合作社在胜利村、富春村等地建设了 300 多亩生产基地，为合作社成员提供技术培训、生产指导、储藏销售等服务。合作社将胜利村 32 户贫困户吸纳入社，进行定向帮扶。对有劳动能力的贫困户，合作社进行技术帮扶，指导其开展灵芝种植；对缺乏劳动能力的贫困户，合作社给予托底帮扶，贫困户以互助金入股享受年底分红。在合作社的带领下，胜利村的贫困户顺利脱贫，每年每户增收达 9000 元。2016 年，合作社扩大扶贫范围，帮扶富春村、平原村、宣化村等地新建木耳栽培产业项目，解决了 3 个村共100 余户贫困户的就业问题，并为其提供栽培技术指导，使贫困户通过掌握木耳种植技术顺利实现脱贫。

（2）铸造知名品牌，提升产品价值。品牌赋能是提高产品市场竞争力的有效手段。合作社打造自主品牌，2016 年注册了"芝草养生谷"等商标，在东北三省具有广泛的知名度，品牌市场估值达 500 万元。

（3）拓宽销售渠道，建立"线下＋线上"销售模式。合作社有 58 家省级代理商与实体直营店，建成了成熟的线下销售网络。同时，合作社利用互联网平台，建立了"芝草养生谷"网上商城与微信公众号，通过订单农业将产品销往河北、福建、广东等地。利用线上线下相结合的销售模式，合作社在稳定东北三省销售市场的同时，拓宽了省外销售渠道。

三、发挥产业优势助力脱贫攻坚

——湖北省钟祥市荆沙蔬菜种植专业合作社

（一）合作社概况

1.合作社简介

湖北省钟祥市荆沙蔬菜种植专业合作社成立于 2009 年 12 月，现有成员 1360 户。合作社以白萝卜、豇豆、雪里蕻等的种植、收购、加工、运销及技术服务为主业，通过建立萝卜绿色产业示范园、豇豆产业技术孵化园和扶贫产业园,引领带动当地农户和贫困户发展蔬菜种植,采取订单生产、种植服务和帮扶销售,提供多种就业渠道,引领带动当地农户特别是贫困户发展蔬菜产业。据了解,合作社建有 2.2 万亩蔬菜种植基地、15000 平方米蔬菜交易市场、27 座冷库、26 条萝卜清洗生产线、4 条蔬菜加工生产线、1 个冷链物流中心,产品畅销全国 23 个省份 69 个大中城市。

2. 合作社成果

2019 年,合作社主营业务收入达 2.3 亿元,被评为国家农村合作社示范社。近年来,合作社积极参与产业脱贫攻坚,发挥蔬菜产业优势,多途径帮助贫困户就业兴业,带动所在旧口镇 2 个贫困村提前出列、358 户贫困户成功脱贫,带动周边天门、沙洋、京山等县市 6 个乡镇 3 万多户农户发展特色蔬菜产业,种植面积达 25 万亩,上万名贫困人口走上致富路。

(二)合作社经验

1. 建好三个园区,助推创业致富

合作社建设了三个园区,示范引领、服务带动周边农户和贫困户发展蔬菜产业。

(1)建设萝卜产业绿色示范园。当地土壤、气候条件适宜种萝卜,但一些农户因受传统种植习惯影响,生产的萝卜品质差、销路窄、收益低。2016 年合作社流转耕地 3000 亩,创办萝卜绿色种植示范基地,依托湖北省农业科学院设立博士工作站,引进并改良萝卜新品种 9 个,逐步实现萝卜种植全程机械化和高效栽培技术全覆盖。合作社生产的白萝卜获得国家地理标志产品和绿色食品双认证。与普通农户相比,合作社的萝卜每千克成本降低了 0.04 元,售价提高了 0.2 元,每亩收益净增 1200 元。农户纷纷学习效仿,合作社种植面积 4 年间增加了 6 万亩,103 户贫困户入社发展,带动周边发展萝卜种植 17 万亩,成为长江流域最大的萝卜集中连片种植地和产业扶贫基地。

（2）建设豇豆产业技术孵化园。豇豆是合作社就地种植、腌制、销售的当家产品，周期短、收益高，很多贫困户因为缺乏技术望而却步。2018年，合作社从自身蔬菜种植基地中划出56亩，出资创办技术孵化园，平均分给邻近4个村的29个贫困户作为实践基地，让他们就地学习选种、整地、播种、扎架、施肥、用药、采收等系列技术，并将销售收入全部返还给贫困户。贫困户不仅免费学到了技术，还增加了收入。2019年，合作社吸纳36户贫困户参加培训实践，户均创收6200多元。

（3）建设豇豆扶贫产业园。由村"两委"负责流转土地，合作社负责免费提供种子、竹竿等生产资料和技术服务，并按保底价统一收购产品。2019年，合作社在向岭村、罗岭村两个贫困村建成产业园48亩，惠及贫困户56户，户均增收4800元。目前，产业园已扩大到40个村416亩，直接带动408户贫困户，实现了全镇未脱贫户和边缘户的全覆盖。

2.施行三个优先，开展产业帮扶

种植雪里蕻投资少、技术简单、效益较高，适合合作社带动贫困户发展。

（1）优先落实贫困户种植订单。坚持能签约尽签约、不限种、不拒收，鼓励贫困户种植。贫困户除享受普通订单户技术指导、保底价收购优惠以外，还能免费获得种子。4年来，合作社向29个村166户贫困户免费提供了价值11万元的雪里蕻种子。

（2）优先提供各类服务。优先向贫困户提供机耕、技术、运销、信息等服务，涉及有偿服务事项，贫困户一律减半收费。2019年，合作社向55户贫困户优惠耕整土地193亩、运销产品720吨，免费向贫困户提供技术、信息服务1200多场次。

（3）优先采收产品。受新冠肺炎疫情影响，2020年开春后合作社面临4893亩冬菜滞留在田、600万元产品损失的困境。冬菜采收工作启动后，考虑到用工限制，合作社主动将用工指标让给50户贫困户，待200亩雪里蕻抢收完毕后，合作社才开始采收蔬菜。为了让贫困户把抢收回来的冬菜及时卖出去,合作社利用产品就地腌制加工的优势,在按规定做好疫情防控的前提下,面向贫困村收购雪里蕻600吨,有效解决了贫困户销售难题。

3. 用活三个岗位,提供就业平台

合作社根据贫困户劳力的年龄、文化、身体素质,分类设岗,因人定岗,力求人岗相宜。近4年来,每年招用贫困户劳力240人,其中临时用工10人左右,季节性用工130人左右,常年用工5人,共发放工资210多万元。

(1)瞄准固定岗位,把硬劳力用好。合作社坚持贫困户优先、专业人才优先、吃苦耐劳者优先的用工原则,聘用身体硬朗、工作踏实、认真负责、安全意识强的人员,负责财务结算、物流信息、安全生产、环保治污等关键岗位工作,确保生产、经营和管理高质高效。

(2)调节临时岗位,把活劳力用足。对既要务农持家、又要打工挣钱的贫困户劳力,在蔬菜种植、加工环节重点倾斜安排就业。

(3)增设爱心岗位,把弱劳力用上。对于年纪大、不能干重体力活的贫困户劳力,合作社安排公益岗位,做力所能及的事情。

4. 健全三项机制,提升带贫能力

合作社探索出三项工作机制,联结农户和贫困农户发展生产,脱贫帮扶工作取得了显著成效。

(1)建立稳健的经营机制。合作社初期扶贫主要靠白萝卜产业,2017年以后,白萝卜市场行情下行,合作社及时将市场前景好的豇豆、雪里蕻作为优势产业发展,并与有关项目对接,打通销售渠道,实现了可持续发展。

(2)建立扶贫长效机制。合作社加强制度设计,通过发展优势产业与促进脱贫致富对接,既保证了贫困户增收,又保证了合作社原料有稳定来源,实现了互利共赢。通过订单和就业激励,合作社强化了贫困户脱贫攻坚主体地位;通过社村联建扶贫产业园,调动了合作社、村"两委"

和贫困户三方积极性。

（3）建立扶贫联动机制。从运行看，市、镇负责总体设计和政策安排，村"两委"负责贫困户甄别、组织动员贫困户开展土地流转、技术培训等，合作社负责提供贫困户创业就业条件，贫困户负责履约实施，形成了扶贫脱贫的良性循环。

第三节　创新模式加强联结

农村合作社通过多种要素合作、多维利益联结，创新经营管理模式。黑龙江省甘南县霁朗玉米种植专业合作社、重庆市涪陵区群胜农榨菜股份合作社、吉林省梨树县卢伟农机农民专业合作社等实行规模经营、机械作业、拓宽和加强联结等方式，明晰成员出资收益，强化与成员的关系纽带，增强合作社的凝聚力。

一、创新经营方式致富一方农户

——黑龙江省甘南县霁朗玉米种植专业合作社

（一）合作社概况

1. 合作社简介

黑龙江省甘南县霁朗玉米种植专业合作社组建于 2010 年 11 月，位于甘南县兴隆乡东兴村。合作社成员出资总额 400 万元，农业示范基地 3.4 万亩，集种植、收购、烘干、存储、加工、销售于一体，与农民建立利益联结机制，"握指成拳、规模经营"，适时调整产业结构和经营方式，通过发展加工业延伸产业链条，通过开创品牌、建立电商销售平台拓宽销售渠道，有力地增加了农民收入。

2.合作社成果

甘南县霁朗玉米种植专业合作社致力于帮助农民促产增收,通过创品牌、开销路等方式做好玉米产业,创立了"霁朗牌"商标,并荣获省级著名商标。

在做好产业的同时,合作社积极响应脱贫攻坚号召。2017 年,合作社同扶贫部门签订了 10 年期扶贫协议,承接笨榨豆油农副产品加工项目,年加工、仓储大豆各 1.5 万吨。合作社与农户签订高油大豆种植订单,协议收购价格每千克高于市场价 0.04 元,订单面积近 20 万亩,带动全县 8000 多户农户种植高油大豆,帮助农户解决了产品销售难的问题,实现了农产品就地增值。2017 年以来,合作社共带动贫困户 1066 户,分红资金总额 180 余万元。2019 年,合作社资助贫困学生 20 名,每人 1000 元。

(二)合作社经验

1.创新模式,注重联贫带贫

合作社采取"带地入社、年底分红、优先用工、合作经营"的方式,引导农民参与合作社生产经营。建立科学的盈余分配机制,合作社将可分配盈余的 60% 按交易量比例进行一次分配,40% 按成员出资额比例进行二次分配,订单农户产品按高于市场价 5% 收购。2016 年,合作社吸纳 152 户贫困户入社,实行土地折资入社,年末采用兑付保底加分红的方式为贫困户进行盈余分配。带地入社的贫困户,由合作社统一管理土地,年底兑付保底金,每年每户分红 1000 元,连续分红 3 年;未带地入社的贫困户,合作社帮助统一销售农产品,按交易量比例享受一次盈余分配。2017 年,合作社同扶贫部门签订了 10 年期扶贫协议,承接笨榨豆油农副产品加工项目,年加工、仓储大豆各 1.5 万吨,共带动贫困户 1066 户,分红资金总额 180 余万元。

2.做大做强,提品质延链条

(1)绿色生产经营,提升产品品质。合作社致力于绿色食品生产,按绿色食品标准化要求,在种子、农药、化肥等各环节,严格操作程序。合作社建有农产品质量安全可追溯平台,在基地内安装农田作业视频监控系统、农业环境监控系统、病虫害在线监控系统、农产品质量追溯系统,收获的粮食以及生产的产品均有二维码,通过互联网,消费者可以看到所购产品全程绿色的生长环境、生产加工过程,让消费者吃上放心粮。合作社建立绿色食品玉米基地3万亩、杂粮杂豆基地0.4万亩。合作社产品全部获得绿色食品认证,拥有绿色食品标志11个。

(2)扩大粮食仓储,延迟销售促增值。合作社在获得国家储备粮指标后,自筹资金,利用3年时间建成7.5万吨玉米仓储库,既完成了中储粮临储任务,又实现了自储玉米延迟销售。2019年11月,合作社与大庆伊品科技公司签订代收代储玉米合同1.5万吨,每吨利润100元,收益150万元。

(3)开展大豆深加工,延长产业链条。合作社及时调整玉米种植结构,除种植口粮需求面积的玉米、杂粮杂豆外,改种高油大豆,建成年加工能力1.5万吨的大豆油加工厂,所需高油大豆种植面积超10万亩。合作社年加工大豆7500吨,生产豆油900吨,按1万元/吨均价计算,豆油产值900万元;生产豆饼6375吨,按3300元/吨均价计算,豆饼收入2103.75万元。合作社年销售额6378.75万元,盈余约350万元,带动400余贫困人口,人均年增收1000元以上。

(4)实施玉米深加工,提高附加值。为生产玉米高附加值产品,获取玉米产业更大的利润空间,合作社建成大煎饼加工厂,生产具有本地特色的风味大煎饼,每千克市场价高达20元,远高于玉米碴、玉米面每千克3.2元的市场价格,提高了玉米产品附加值,带动了本村剩余劳动力就业。

3. 广开销路,带动成员增收

(1)玉米烘干销售。合作社与河南、扎兰屯等地大型企业建立了稳定的客户关系。根据市场行情、地域之间玉米生产周期的不同,合作社错时选取玉米收购地。本地玉米未收获时,合作社在吉林省白城市镇赉县租用当地场地及设备收购、烘干当地玉米,销往河南,总计收购烘干玉米1万吨,每吨利润可达80元。本地玉米收获时,返回本地收购、储存,根据市场行情适时销售,总计收购3.5万吨,每吨利润达100元。合作社还从讷河收购玉米,烘干后销往龙江中储粮直属库,总计5万吨,每吨获纯利润10元。

(2)打造品牌销售。合作社先后推出"五彩霁朗""六合同春""黄金八宝""五谷养生"等10多个系列礼品盒产品,打入家乐福超市,积极参加北京农博会、南京推介会、哈洽会、齐齐哈尔绿色食品博览会等展会,逐步打响品牌。合作社的"霁朗牌"商标荣获省级著名商标。

(3)电子商务销售。合作社顺应"互联网+"时代发展,更新经营理念,搭建霁朗食品天猫旗舰店、霁朗食品拼多多专营店,开展线上营销。

二、聚力"三链"协同助脱贫促振兴

——重庆市涪陵区群胜农榨菜股份合作社

(一)合作社概况

1.合作社简介

重庆市涪陵区群胜农榨菜股份合作社位于三峡库区,成立于2019年3月,主要经营榨菜种植、鲜菜收购、半成品加工和销售。合作社现有成员132个,其中普通农户成员77个,贫困户成员53个,企业成员1个,村集体经济组织成员1个。合作社采取"龙头企业+合作社+村集体经济组织+基地+农户"的组织模式,建立"一个保护价、两份保证金、一条利益链"的利益联结机制,构建"产业连体、股份连心"的利益共同体,实现了保底分红、二次分红、务工收入的多元化收益。

2.合作社成果

重庆市涪陵区群胜农榨菜股份合作社激活村集体、农户、企业的各类资源要素,立足榨菜产业,依托园区平台和科研机构,不断提升生产经营科学化、标准化、市场化水平,采取"一个保护价、两份保证金、一条利益链"利益联结机制,探索出了合作链、产业链、利益链协同发展的路子,促进了榨菜产业发展壮大和农户持续增收。

目前,合作社有榨菜标准化生产基地1400余亩,榨菜腌制池100口,容积达3000立方米,年加工榨菜半成品2000余吨,带动本村1000户菜农种植青菜头3500余亩。2019年,合作社经营性收入350万元,带动贫困户户均增收1.5万元。

(二)合作社经验

1.夯实组织基础,创新合作链

(1)村社引领组建。充分发挥村集体在产业扶贫工作中的引领作用。合作社由村集体经济组织牵头、所辖8个村民小组和村民积极参与,形成"1+8"抱团发展模式,推动产业兴旺、合作共赢。充分发挥党员和基层干部带动作用,3名村委会委员、8个村民小组组长加入合作社,吸纳党员成员10名(其中贫困户党员2名),选举村委会主任担任合作社理事长。

(2)多种要素合作。农户、村集体、企业等以土地承包经营权、榨菜窖池、资金等要素入社,共计出资328.3万元。一是土地承包经营权作价出资。土地按亩产2.5吨、600元/吨标准折资1500元,农户成员以1464.5亩土地承包经营权作价出资合计219.7万元,占比66.9%。二是设施设备作价出资。以榨菜窖池按每年30元/吨作价出资,成员窖池1000吨、入股10年作价出资30万元,占比9.1%。三是财政资金出资。合作社实施"三变改革""产业扶贫"项目,将财政资金量化至合作社、贫困户、村集体和企业的75万元入股,占比22.8%。四是货币出资。成员以货币出资3.6万元,占比1.2%。

2.依托特色优势,打造产业链

为解决青菜头种植分散、品质控制难、企业加工原料组织难等问题,合作社着力做强产业链条。

(1)依托资源禀赋,促进种植科学化。坚持统一资料供应、统一技术培训、统一播种管理、统一病虫防治、统一收砍加工、统一销售结算"六统一"经营模式,为成员提供产前、产中、产后全程服务。2019年,合作社邀请农业农村部门、科研院所技术人员对成员进行集中指导培训,当年成员种植的青菜头平均亩产从2.5吨增至3吨,按0.7元/千克保底价,每亩增加收入350元。

(2)依托园区平台,促进生产标准化。对标涪陵国家现代农业产业园区建设,合作社紧紧围绕涪陵榨菜产业发展,与企业建立订单合作,有效推进合作社榨菜半成品标准化、市场化生产。一是合作社与企业签订半成品购销保护价、数量和质量协议,市场价低于保护价时按保护价收购,市场价高于保护价时按市场价收购。二是合作社在企业监督下,严格执行采收时间节点和初加工等关键环节作业标准,保证榨菜原料供应质量。三是合作社与企业合作,企业将榨菜初加工车间前移至合作社,让农户成员共享增值收益。

(3)依托科研机构,促进技术现代化。高度重视品种更新和技术提升,加强与渝东南农业科学院科技战略合作,积极充当科研成果转化和推广平台。合作社成为农科院"青菜头品种选育及配套技术""涪杂1~8号"系列杂交良种、"永安小叶"等常规良种以及"一控两减三基本"有机肥等科技项目的推广试验基地。

3.助力兴农富民,构建利益链

(1)构建"信用"合作利益联结机制。针对现代农业发展面临的千家万户农民难以应对千变万化的市场、农民市场意识较弱两大难题,合作社探索出"两份保证金,一条利益链"的利益联结机制。"两份保证金",即合作社与成员签订种植收购保护价协议,约定以每吨800元的保底价收购青菜头,并明确交售数量、时间和质量要求,成员按每吨30元向合作社交纳履约保证金;合作社再与企业签订榨菜原料供需合作协议,约定榨菜原料保底收购价1728元/吨,并明确交售数量,头盐翻池时间、剥皮看筋时间、质量要求和规范化管理的要求,合作社每吨向企业交30元履约保证金。通过上述"两份保证金",合作社上联企业,下联合作社成员,既保障了合作社收益的稳定增长,也保证了企业生产的原材料品质,形成了合作社、龙头企业、农户三方满意的"一条利益链"。

(2)构建"贫困帮扶"利益联结机制。为帮助53户贫困户成员脱贫增收,合作社采取"产业帮扶＋就业带动＋股权分红"的帮扶模式,制定五项帮扶措施,推动扶贫由"输血"向"造血"转变。一是为贫困户成员免费提供青菜头种子,补贴部分农资。二是免除贫困户30元/吨的种植履约保证金。三是按保护价全部收购贫困户当季青菜头。四是优先安排贫困户到扶贫车间、合作社初加工车间就近务工。五是对农业项目财政补助资金进行股权量化,贫困户成员每年享有5％的保底分红以及出资的二次盈余分红,村集体每年将5％的保底分红用于慰问贫困户。2019年,贫困户成员吴光兰收入2.3万元,其中榨菜收入1.5万元、车间务工收入7200元、股金分红800元。

(3)构建"三产融合"利益联结机制。合作社立足产业基础、地理优势,因地制宜把握发展时机,搭乘"榨菜嘉年华""葛亮山旅游节"和"国家现代农业产业园区"的平台快车,将合作社初加工车间打造为榨菜文化重要展示平台和乡村旅游必到的景点。同时加速推进合作社榨菜一、二、三产业融合发展,着力打造绿色优质榨菜种植基地,发展榨菜半成品加工,结合榨菜特色乡村旅游和文化基地教学,打造"生态、休闲、体验"农旅品牌,助力乡村振兴。2019年合作社接待乡村旅游人数1800人次,带动成员销售农产品10余万元。

三、推进"四化"经营实现合作共赢

——吉林省梨树县卢伟农机农民专业合作社

(一)合作社概况

1.合作社简介

梨树县卢伟农机农民专业合作社位于吉林省四平市梨树县康平街

道八里庙村,成立于 2011 年 11 月。经过 9 年的改革发展,成员由组建之初的 6 户发展到现在的 176 户,辐射带动 600 户。合作社现拥有大型农机具 54 台套,是一家集农业社会化服务、规模经营和新技术推广应用于一体的新型农业经营主体。

2.合作社成果

2015 年,梨树县卢伟农机农民专业合作社被评为吉林省十佳示范合作社,2016 年被评为国家级农民示范社;合作社理事长卢伟 2017 年被评为全国农业系统劳动模范,2019 年被评为吉林省特等劳动模范。合作社组建以来,坚持合作共赢原则,充分发挥主体带动作用,大力推进"四化"经营,努力提高农业生产综合效益。

(二)合作社经验

1.土地经营规模化

采取"带地入社、土地租赁和土地托管"三种模式,合作社经营面积达到 690 公顷,占全村耕地面积的 86%。其中"带地入社"面积 210 公顷,占 30.4%;"土地租赁"面积 108 公顷,占 15.6%;"土地托管"面积达到 372 公顷,占 54%。通过合作社的组织带动,八里庙村基本实现了土地规模化经营,较好地解决了"谁来种地、怎样种地"的问题。同时解放了农村劳动力,参与合作经营的农民可以外出专心从事劳务输出,年人均劳务收入可达 2 万元以上。

2.生产作业机械化

集中连片的土地让农业机械化变成了现实。合作社充分利用国家农机具购置补贴政策,全面提高农机装备水平。目前合作社农机装备总量由成立之初的 1 台套发展到 54 台套,覆盖农业生产的耕、种、管、收各个环节,实现了全程机械化作业。不仅提高了生产效率,而且降低了生产成本。每公顷可节约成本 1000 元。

3.生产方式科技化

合作社认真落实"藏粮于地、藏粮于技"战略,坚持向科技要产量、要效益,推广应用了测土配方施肥、深松整地、保护性耕作、绿色防控等一系列先进的重大粮食增产增收技术,有效提高了科学种田水平。玉米公顷平均产量达到 2 万斤以上,比常规种植方式增产 2000 斤,每公顷增加收入近 2000 元。

4.生产经营集约化

合作社创新农业合作方式,采取统一农资供应、统一种植管理、统一植保服务、统一农机作业、统一烘干收储的"五统一"服务模式,调动了小农户参与合作经营的积极性,切实增加了农民收入。入社农户每公顷土地纯收入可达到 1 万元以上,比不入社农户增收 20%。

第四节　提升服务打造品牌

品牌建设是合作社可持续发展,提升综合实力的关键环节。内蒙古自治区包头市广恒农民专业合作社、丹东市圣野浆果专业合作社、广东省清远市佛冈县喜莱益肾子种植专业合作社等,在合作社运营发展过程中注重品牌打造,在提高农产品质量的同时加强宣传推广,做好产品升级,致力于打造"一村一品",带领农产品走向知名,打牢创收基础。

一、创品牌强科技拓市场走农村合作社高质量发展之路

——内蒙古自治区包头市广恒农民专业合作社

(一)合作社概况

1.合作社简介

包头市广恒农民专业合作社位于包头市九原区哈业胡同镇李广恒村,入社成员 480 人,成员出资总额 200 万元。合作社采用"市场＋合作社＋基地＋农户"的组织形式,辐射带动周边乡镇 8 个村发展西瓜、甜

瓜、蜜瓜、番茄、葵花等农产品种植,种植规模从 200 亩发展到 1.1 万亩。

2.合作社成果

广恒农民专业合作社围绕当地特色瓜果产业,培育打造"黑柳子"品牌,引进推广先进种植技术、优良品种和管理模式,建立了规模化种植、标准化生产、品牌化销售的产业经营格局,有力推动了传统粗放式经营向集约化、智慧化的现代农业生产方式转变。近年来,合作社被评为内蒙古自治区和包头市两级示范社、包头市扶贫龙头专业合作社。

(二)合作社经验

1.坚持品牌兴社,"黑柳子"打响金字招牌

2015 年合作社创立"黑柳子"品牌,2018 年获得绿色农产品认证,2019 年被列入全国"一村一品"名录。合作社注重品牌培育,确定了"产品就是人品、质量就是生命"的品牌内涵,大力实施品牌发展战略。

(1)建立商标制度,以诚信求发展。合作社按照《商标法》等法律法规,制定了《商标使用管理制度》《商标印制制度》《商标联络员制度》,建立了商标管理制度体系,成立商标管理领导小组,理事长为组长,各生产基地负责人为联络员,形成了上下一体的商标管理网络,使商标的使用管理步入制度化规范化轨道。

(2)实行标准化生产,以品质赢市场。合作社建立了生产质量管理体系,对成员生产的香瓜、西瓜、蜜瓜,严格按照统一标准进行检验,检验合格后,统一发放商标和包装箱,保证产品品质,严把质量关,确保合作社全体成员实行绿色标准化生产。2019 年,合作社销售农副产品 3.5 万吨,销售额达 3800 万元,实现盈余 682 万元,辐射带动农户 807 户,合作社成员人均增收 4800 元。

2.打造智慧农业,"黑柳子"插上科技翅膀

合作社坚持走科技种植的路子,建成日光育苗温室 7 栋(28 亩),早上市阳光大棚 31 栋(58 亩),建设新品种新技术示范基地 300 亩,实现了新技术新品种全覆盖。

（1）持续抓科技创新。为提升香瓜品质和口感，2016年，合作社与包头市农科院合作，实施土壤改良技术，平衡土壤PH值，改善土壤肥力和养分。2017年，合作社与包头市和九原区农技推广中心合作，实施"绿色瓜菜配套施肥技术"，推广有机肥替代化肥，真正实现"绿色种植"。2018年，合作社实施四膜种植技术，将播种期提前近一个月，甜瓜比往年提前一个月上市。2019年，合作社试行"智慧农业"物联网项目，将2栋温室进行智能化改造，温室中安装传感器、摄像头、智能灌溉、智能施肥系统等先进科技设备，温室里的情况可及时传到管理人员手机上，管理人员对温室进行远程遥控。例如，若温室需要透气，可以遥控让大棚上的卷膜自动揭开，跟外界进行气体交换。当植物缺水时，可以开启智能灌溉机。智慧农业实现了"只闻机械声，不见种田人"，大大节省了人工成本，实现了收益最大化。2019年春节期间，2栋智能化温室里采用移苗小拱棚种植技术的香瓜提前上市20天左右，品相和口感都有了极大提高，市场销量比上年同期增长30%，价格上涨20%，亩均纯利润3000～6000元，合作社成员年纯收入比非成员高20%以上。

（2）大力推广先进技术。合作社建立了农技推广和科技特派工作站，重点研究瓜菜种植中的关键难题，加快科研成果转化应用，提高产品科技含量。合作社投资300余万元，兴建农牧民创业培训中心，对成员进行技术培训，提高成员的种植技术水平。合作社还组建专业服务队，为成员提供"六统一"服务和技术指导。产前指导成员选用抗病、高产、耐储运、商品性好、成熟期适中的优良品种，产中指导成员严格按照绿色标准技术操作规程，产后帮助成员销售、总结经验、拓宽销售渠道。合作社采取分级收购、以质论价、优质优价的原则，以高于市场价5%的价格向成员收购产品。

3.着力开拓市场，"黑柳子"飞进千家万户

合作社实行"错时种植，错峰上市"的全新种瓜计划，盖起温室、大棚和小工棚，分别用于12月、3月、4月错时定植，加上5月的大田定植，实

现连续半年香瓜销售不断档。为此,合作社大力开拓"线上＋线下"销售渠道,创建多种销售模式。

(1)开展实体营销。合作社开设了品牌展示展销平台,采用农业品牌产地认养、农业休闲观光等新兴销售方式开展实体销售。合作社经过反复对比、不断淘汰,遴选出优质高端品种,进行反季节温室香瓜种植和销售。每年春节档期,香瓜价格可达 40 元/斤,是夏季香瓜价格的 10 倍。同时,合作社多次出现在第十八届全国绿色农畜产品博览会、内蒙古自治区第五届绿色农畜产品博览会等全国性和地区性农产品博览会,不断提升合作社品牌影响力和市场竞争力。

(2)面向批发市场。合作社与内蒙古各地以及陕西、山西、河北、山东、广东等地的批发市场建立了稳定的合作关系。合作社积极发展订单农业,带动新胜村、前进村、打不素村、退水村等 8 个村发展西甜瓜种植,辐射带动农户 807 户。每年香瓜收购季,合作社组织农户到交易市场销售农副产品,2019 年助农销售农副产品 3.5 万吨,销售额达 3800 万元。

(3)开展网络直销。合作社与电子商务平台服务公司签订协议,参加电子商务营销培训,开设电子商务平台,自主营销。目前合作社已实现线上与淘宝网、拼多多的有效对接。今年 7 月,香瓜上线 25 天,线上交易额已突破 10 万元。除了香瓜大量上市季节外,每年的中秋档期、春节档期等错峰上市的香瓜,也能搭乘电商销售快车,走出内蒙,销往海南、广东、浙江、重庆、上海乃至全国各地。

(4)共创共享销售平台。合作社与包头市乡村联合创业联盟共同打造"农势力生鲜供"平台,源头直供生鲜蔬果、畜禽蛋品、水产海鲜等农产品,构建无中间商环节的生态产业链。

二、视品质如生命将产品销往全国

——丹东市圣野浆果专业合作社

（一）合作社概况

丹东市圣野浆果专业合作社位于"中国草莓第一县"辽宁丹东东港市的十字街镇赤榆村，合作社成立于2008年，成员出资额560万元。十年来，合作社秉承"好水果从种植开始"的理念，坚持生产在家、服务在社的经营管理模式，积极布局优势浆果产区，以线上线下结合销售为纽带，培育了研发、种植、管理、营销四支优秀团队，形成了集种苗、研发、种植、管理、包装、销售为一体的现代果业闭环。合作社创建的"圣野果源"品牌价值达1.82亿元，获得国家农村合作社示范社、全国农业农村信息化示范基地农业电子商务示范合作社、第十六届中国国际农产品交易会金奖等荣誉称号。

（二）合作社经验

1. 提升产品品质，实现草莓全程管控

（1）打造专业团队，靠技术抢占上市时间。科学技术是第一生产力，合作社专门成立一支7个人组成的技术研发团队，与沈阳农业大学、辽宁草莓科学技术研究院、科技公司合作，从种苗选育、土壤改良、投入品选择着手，提升栽培管理技术，全方位研发升级产品包装、产后处理、仓储物流等。合作社的技术团队研发出的红颜低温冷藏促早栽培技术获得丹东市科技进步二等奖，使丹东红颜草莓上市时间提早1个月以上，成为全国红颜草莓最早上市区，售价最高达100元/斤，这项技术对提升合作社竞争力和丹东草莓种植户经济效益起到至关重要的作用。

（2）制定生产标准，靠科学提升商品果率。合作社积极制定小浆果品品质标准、包装、采后处理和物流配送标准等生产管理标准，合作社成员按照不同销售渠道要求的标准种植，实行统一管理，统一回收、分级、包装销售，结合大棚内安装的物联网设备、溯源监管体系进一步提升成员的种植规范水平。经过多年的小浆果种植技术研究和试验，合作社拥有了一套完整的温室种植标准体系，采用现代化物联网模式，设定好草莓在不同生长时期所需要的最佳生长环境，将影响此环境的环节采用数字化的形式输入计算机管控系统,计算机会根据空气湿度、温度、光照等环境的变化,采取相应的措施来调节小浆果所需的最佳环境,生产过程数字化,大大提升了丹东小浆果商品果的标准化。

(3)实现全程可追溯,让消费者吃得放心。合作社综合利用网络技术、射线技术、条码识别技术,建立起集网站、POS机、短信和电话号码于一体的多终端农产品质量追溯系统,给每户成员发放智能手机,并派技术员指导农户拍照和上传资料。农户成员将草莓生产的全程信息采集并上传到追溯平台,在追溯平台上公开展现,消费者只要扫描包装上的二维码,就可观看草莓的生长全过程。

2.拓展营销渠道,建立多元化销售网络

(1)对接生鲜连锁超市,布局线下销售网络。合作社成立初期,虽有好产品,但销售渠道不畅,理事长马廷东和理事会成员一起到全国主要批发市场和大中城市调研草莓的销售情况,经过深入分析讨论,决定选择与生鲜连锁超市直接对接的销售模式。在与几家生鲜连锁超市洽谈后,最终选择与沈阳的地利生鲜连锁超市合作。超市第一个月拿出5家门店免费为合作社代销,不收任何费用,合作社把优质的草莓鲜果按成本价供应,仅1周时间,单店的草莓销量从原来的100斤激增到1000斤,超市把其余20多家门店草莓的直供权也给了合作社,先期允许合作社1个月的免费销售权,合作社由此在沈阳打开了市场。

同时,合作社开始注重媒体和社交宣传,积极参加各地农产品展览会和农交会,探索农超、农企、农校、农社等产销对接新思路,合作社的线下销售渠道拓展到百果园、果多美等其他生鲜连锁超市,销售的产品从草莓扩大到蓝莓等其他浆果产品。随着销售问题的基本解决,全体成员一致通过注重品牌化,打造高附加值农产品的发展方向。合作社注册了"圣野果源"商标,从2013年开始举办"圣野果源"杯草莓大赛,搭建成员、种植户交流、展示的平台。草莓大赛很好地宣传了"圣野果源"品牌,成为合作社的标杆节日,引领当地草莓产业登上了一个新高地。

（2）搭上农村电商快车，拓展线上销售渠道。合作社积极开拓线上市场，进驻天猫、京东、拼多多等大型电商平台。2019 年天猫年货节，合作社备足货源，设计精美平台海报，委托专业电商销售团队 24 小时值班，年货节首日合作社"圣野果源"水果旗舰店草莓销售量突破 1 万单，销售额突破 100 万元，成为天猫店铺当天唯一销售额破百万且发货无差评的水果店铺。合作社还与天猫合作举办首届东港蓝莓节暨天猫正宗原产地品牌推荐活动，取得了良好的营销效果。合作社产品逐步走向全国，省内 24 小时、省外 48 小时即可送到消费者手中（西藏除外）。

面对销售能力持续提升、草莓供不应求的情况，合作社在东港吸纳人品好、土地条件好、种植技术优的农户加入合作社。经过成员大会决议，合作社决定将售卖的利润在草莓收购时直接加价返给成员，成员的草莓收购价比非成员价高 0.5 元～1 元/斤，极大激发了周边草莓种植户的入社热情，有效解决了合作社货源不足的问题。

3.合作成效显著，带动能力提升

经过十余年的发展，合作社线上线下销售渠道结合，带动农户能力不断增强。一是实力和效益持续提升。合作社成员从 6 户成员发展到 266 户，种植面积超过 1.2 万亩，最高日销售草莓 10 万斤，年销售额突破 1 亿元。在合作社的带动下，小浆果成为丹东农民的致富果，成员户均年收入超 20 万元，带动周边 10 多个乡镇 3 万余户农民从事小浆果种植。二是积极参与脱贫攻坚事业。合作社自身发展壮大的同时，不忘贫困群众，带动东港、凤城、宽甸、振安区、振兴区及大连庄河地区贫困户，从种苗提供、技术指导、管理和销售服务等方面帮助发展草莓种植，助力脱贫致富。三是培育和发展了人才队伍。合作社先后招聘 10 多名大学生从事生产技术、信息化管理、文案、销售等工作，他们的加盟又带动了广大成员，为合作社进一步发展壮大储备了宝贵的人才。

三、强技术造品牌乡亲富起来

——广东省清远市佛冈县喜莱益肾子种植专业合作社

（一）合作社概况

广东省清远市佛冈县喜莱益肾子种植专业合作社成立于 2019 年 3 月，位于佛冈县石角镇观山村。

观山村是清远市佛冈县石角镇的一个小村子，之前村民普遍种植砂糖橘，也零星种植益肾子。益肾子，学名厚鳞柯，清远人称之"孖古叠"，果实富含维生素 A、钙等微量元素，口感软糯香醇，是两广地区人民喜爱的坚果食品。2015 年，清远市砂糖橘因为黄龙病严重以及滞销，造成了橘农的严重损失。大学生黄俊添了解到情况后，一心想帮大家找到新的致富产业，由此将目光落在了益肾子上。

2016 年，黄俊添返乡成立广州喜莱贸易有限公司，投资开发益肾子产业。经过 3 年摸索后，为了带动村民一起致富，做大做强益肾子产业，2019 年 3 月，黄俊添成立了喜莱益肾子种植专业合作社并担任理事长。合作社实行现金入股模式，年终盈余按股分红。合作社召开了成员大会，成立理事会、监事会，建立健全财务管理制度，选拔产业带头人、运销大户为骨干，组建了技术队伍、营销队伍，凝心聚力、鼓足干劲发展益肾子产业。

自 2019 年成立佛冈喜莱益肾子种植专业合作社以来，观山村采用"公司＋合作社＋农场＋种植户＋媒体"一体化合作经营模式，使益肾子的流通实现农业生产的市场化运作，为农民群众织牢增收保障网。截至目前，专业合作社已带动观山村及周边地区 500 多农户发展益肾子种植。

（二）合作社经验

1. 做大做优做响，打造"一村一品"

合作社成立后，大胆开拓创新，坚持走规模化、品质化、品牌化之路，做大产业、做优产品、做响品牌,推动了益肾子产业快速发展、种植农户增收致富。

(1)加强培育优质新品种。"一粒种子改变一个世界,一棵种苗振兴一个产业。"合作社首先将发力点选在种苗的培育上,流转土地200亩,分为苗圃园、母树园、实验园、种植示范园等,择优嫁接,培育了喜莱1号至5号五大品种,打造了当地最专业、最优质的高产、早产、稳产益肾子苗圃基地。合作社培育的益肾子品种,1棵树年产量超100斤,亩产量超千斤,按照平常销售价格20~30元/斤算,亩产超2万元,而且投入少、管理要求不高,亩均投入不超过1000元。因此,合作社的益肾子苗木深受种植户喜爱,在全国有50多个分销商。

(2)加强宣传推广技术培训。首先,大力宣传益肾子产业。合作社每年组织成员和村民参观种植超过2000人次,累计组织团队下乡开展种植座谈会十几场,派发5万份益肾子知识手册,引导更多的村民走上了种植益肾子致富之路。其次,积极开展技术培训。除推荐成员参加省、市、县举办的各项农业技术培训,合作社还邀请专家来基地进行技术指导,对成员进行定期技术培训,组织种植能手到外地参观学习,已组织农业技术员进村入户举行讲座20余次,培训农民3000人次。最后,努力扩大辐射范围。合作社组建推广团队,吸引"两广"地区的种植户前来考察学习,在"两广"地区发展了2000多户益肾子种植户,并坚持回访各地种植户,提供免费的技术指导,协助建园种植。

(3)加强科研合作试验示范。合作社积极与各大科研院所合作,加强益肾子科技攻关。合作社与广州市增城区林业和园林科学研究所合作,提供益肾子5大品种苗木,建设了100亩益肾子科研示范林。广西省农科院生物所从合作社引种了益肾子苗,开展引种研究。另外,合作社与广西果商合作,在防城港、钦州、玉林3个市建设了益肾子种植示范园;与广州一家科技公司合作,在从化区良口镇建设了珠三角益肾子种植示范园。

（4）推行标准化种植。首先，合作社制定了一套生产技术标准，涵盖高效种植、节水灌溉、肥药减量、生态环保等方面，对成员的益肾子整个生产过程进行技术指导。其次，从种子、种苗的供应，到有机肥的采购、水源水质，对每一个环节都进行严格把控，不允许使用农药，确保生产出绿色生态的产品。再次，合作社与清远市德诚标准化研究院合作，将各种指标升级为行业标准，涵盖生产、检测、加工、品控、市场、品牌等，构建了产品质量安全控制与追溯体系，不仅要求成员执行，还要求带动农户、合作客户执行。最后，合作社非常注重生产中相关知识产权的保护，已申请了"一种防治堵塞的益肾子脱皮机""一种便于灌溉的盆栽观赏架""一种益肾子坚果的嫁接技术"3项发明专利以及益肾子开壳器实用新型专利和外观设计专利，后续还有几项专利正在申报中。

（5）打造产品品牌。合作社对成员产品实行统一收购、统一品牌、统一销售，注册了"孖古叠""冰河松果"2个益肾子商标，主推"冰河松果"品牌，还从科幻电影《冰河时代》吸取灵感，设计了品牌卡通人物，不断用新理念、新举措强化品牌形象。首先，举办主题节庆活动。2019年"双十一"期间，合作社举办了"佛冈首届益肾子果节"，开展了益肾子剥皮比赛、益肾子开壳比赛、益肾子高尔夫、免费试吃益肾子和免费品尝益肾子酒等活动，吸引了大量游客到场参与。其次，加大线上线下推广。线下，积极参加农博会、电商节、推介会等，分别在深圳会展中心举办的珠三角产品推介会、广州琶洲举办的中国第九届农业博览会领头雁专馆、清远英德人民广场举办的电商节以及佛冈县人民广场设展，推广销售"冰河松果"益肾子产品，提升品牌知名度。线上，与抖音、百度、微信、淘宝等线上运营商签约，推广宣传"冰河松果"益肾子产品，并鼓励客户发朋友圈，引导后续受众群体裂变。最后，参加比赛博眼球。这些年来，合作社益肾子项目先后荣获广东"领头雁杯"创业大赛三等奖、清远市"创业冲锋号"二等奖、第六届"创青春"广东青年创新创业大赛暨第二届粤港澳大湾区青年创新创业大赛优胜奖、"佛冈县创业大赛"银奖。通过一系列举措,越来越多的人知道了广东清远市佛冈县有一个益肾子专业村叫观山村,出产"冰河松果"优质益肾子。目前,合作社正在推动益肾子申报地理标志产品。

(6)打造"一村一品"。2019年6月,合作社迎来了难得的发展机遇——合作社申报的"益肾子种植与推广"项目入选广东省"一村一品、一镇一业"项目库,成功申请到扶持资金,在观山村建设广东省唯一一个入选的"一村一品"益肾子村。为此,合作社规划建设100亩益肾子种植及采摘示范基地、50亩益肾子品种示范基地、60亩苗圃,示范推广节水灌溉和肥药减量控害技术,带动500户农户种植2000亩益肾子。如今,已建成20亩益肾子专业苗棚,百亩种植基地实现土地平整,一个种植规模化、管理精细化、产品天然化的益肾子专业村即将呈现。

2.产业嵌入扶贫,实现共融共赢

截至2019年12月,观山村有建档立卡贫困户118户247人。为帮助贫困户尽快脱贫致富,合作社将发展益肾子产业与产业扶贫有机地结合起来,在各自然村组建"扶贫小组",发起"千株扶贫,百家致富"帮扶活动。活动内容为合作社每年捐赠超过1000株益肾子苗木给贫困户,与贫困户签订协议,无偿提供技术指导和培训,合作社以保底价格收购果品,当天结算收购款,以优惠价格提供符合绿色农产品生产要求的农资,农资款可约定于交付果品时予以抵扣。2019—2020年,合作社每年都捐赠了3000多株益肾子苗木。同时,合作社的种植基地优先聘用贫困户,免费培训其各项技术。

在佛冈县以外,合作社帮扶梅州市五华县先河村(省定贫困村)种植了500亩益肾子,全力打造粤东地区益肾子"一村一品"村。2020年,合作社又与另一个省定贫困村清远英德市连樟村结对,将优质益肾子苗木送到该村的种植户(贫困户)手中,发展种植2000多亩。黄俊添理事长与连樟村创业青年(退伍军人)邓文标结对,帮扶发展益肾子种植及指导创业,荣获了"清远市振兴乡村人才大使"称号。

3. 衔接乡村振兴，打造田园综合体

如今，合作社成员由 5 户增加到 155 户，注册资金达 1000 万元。2019 年，合作社营业额 260 万元，实现利润 60 万元，成员收入比非成员农户增加 30% 以上；带动全村 700 户种植益肾子超过 2500 亩，辐射全县种植益肾子达 2 万亩，益肾子已成为当地重要的农业产业，承载着父老乡亲脱贫致富的希望。另外，合作社还直接带动县外两广地区 2000 多户农户发展种植益肾子。

目前，益肾子的用途主要是晒干当坚果吃，也可以用来泡酒、煲汤、包粽子。下一步，合作社打算向深加工延伸，引入合作方，开发益肾子牛奶、益肾子糖果等，延伸产业链、提升价值链，增加成员的产业收入。

作为懂农业、爱农村、爱农民的人才，2020 年 4 月，黄俊添理事长当选观山村党总支书记，6 月又兼任村委会主任。站在新的起点，黄俊添理事长开始谋划将合作社的发展与观山村的振兴融合在一起。初步的规划是围绕"党建＋产业"，依托合作社，整合全村自然、资金、技术、人才资源，在做大做强益肾子产业的同时，拓展农业休闲观光功能，将益肾子基地建设成集种植、养殖、农耕体验、餐饮垂钓于一体的田园综合体。届时，一个创意新颖、个性鲜明、主题丰富、动感十足的现代农业庄园将吸引更多的游客前来采摘、互动，带动当地土特产业共同发展。

第五节　绿色发展产业转型

"绿水青山就是金山银山"，绿色发展是农村合作社实现高质量发展的必由之路。福建省安溪县山格淮山专业合作社、江西省靖安县黄龙凤凰山种养专业合作社、浙江省湖州南浔千金永根生态渔业专业合作社等

坚持可持续发展理念,创新生态种植、养殖模式,致力于促进产业发展转型升级,在创收的同时注重环境保护。

一、抓特色促转型合作共赢绘蓝图

——福建省安溪县山格淮山专业合作社

(一)合作社概况

1. 合作社简介

安溪县山格淮山专业合作社位于长坑乡山格村,该村有6000余人口,历史上村民以生产鞭炮为生。虽然鞭炮生产是危险的行当,但村民苦于没有别的赚钱门路,明知危险也无法放弃。为改变困境,2008年安溪县山格淮山专业合作社及其党支部成立,针对当地独特的"高山小平原"气候、富含微量元素的砂质土壤和常年流淌的山泉水等特点,将主导产业瞄准了传家宝——山格淮山。试验种植成功后,合作社连年喜获丰收,周边乡亲们纷纷跟着合作社学种淮山。合作社示范带动当地村民放下危险营生,干起绿色产业。合作社有成员161户,2014年被评为国家农村合作社示范社。

2. 合作社成果

安溪县山格淮山专业合作社抓准长坑乡山格村特产山格淮山,采取"合作社＋公司＋基地＋农户"利益联结的经营方式,发明淮山钻孔灌沙种植等新技术,推出淮山面线、淮山营养米粉、早餐粥等特色产品,建设淮山农业观光产业园,引领淮山全产业发展,使山格村成为依靠特色产品脱贫致富、推动乡村振兴的典范。

在合作社的带动下,山格村山格淮山种植面积超过3000亩,年产量6000多吨,销往全国各地。全村2200多户人口中有1800多户种植淮山,淮山产业人均收入达6000多元,占村民人均收入的51%。山格淮山走上了产业化、规模化种植道路,成为村民致富新路。合作社被指定为省级城市副食品(蔬菜)调控基地,获评福建省农业龙头企业,合作社的山格淮山面线、山格淮山排骨汤入选福建省风味知名小吃。山格淮山成为福建省名牌农副产品,被评为福建省金牌老字号,获得第五届海峡两岸农订会创新产品金奖、第十一届 618 海峡两岸职工科技创新奖、第七届和第十届国际发明展览会银奖、国际发明展览会德国站铜奖。

(二)合作社经验

1.“四个统一”,发展壮大

合作社建有 1 个淮山生产主产示范区和 11 个淮山生产副产区,总面积 1500 多亩,采用“基地＋农户”的生产经营模式,以 250 亩基地示范,通过农户自种产品签约入社、承包土地经营权入社、劳动力入社等方式,保价收购成员农户种植的淮山,吸引周边 8 个乡镇 3 万多名农户参与淮山种植。

合作社不断探索科学生产经营和管理模式,做到“四个统一”。

(1)统一生产技术规程,规范 12 个基地的淮山生产技术。

(2)统一农业投入品,建立农产品种植规范,统一投入品的规格、用量等。

(3)统一加工,建立 1 万多平方米的淮山加工厂房,开发生产淮山茶、淮山面线等 10 多种淮山产品。

(4)统一门店销售规格,不符合标准的门店一律不予上市营业,合作社在福建省已有 115 家门店。

2.合作共赢,高效创新

合作社吸纳福建省山格农业综合开发有限公司入社,借公司成员的人力、财力和物力优势,在技术创新上取得新的突破。

(1)研发真空包装技术。为解决山格淮山保鲜问题,合作社请来福建农林大学专家进行指导,发明了山格淮山真空包装技术,使山格淮山市场价从每千克不足 2 元上涨到 7 元,最高时达到每千克 20 元。

(2)发明钻孔灌沙种植新技术。合作社成立了淮山产业技术研究会,通过反复试验,摸索出山格淮山钻孔灌沙种植新技术,让淮山根块更易纵深生长,表色澄澈明亮,淮山产量和品质大幅提升,走上了科技带动产业发展之路。

(3)研发有机肥。为解决传统技术种植淮山"隔年生产"的难题,合作社与省、市科研单位开展合作,研发可改善土壤营养状况的有机肥,让淮山园每年都能保质保量生产,实现年年耕种。

(4)研发产品深加工延伸产业链。合作社和省农业科学院合作研发淮山精深加工技术,推出淮山精装、淮山原薯、淮山营养米粉、淮山手工面线、淮山营养粉、淮山酥、淮山薯片等绿色、健康、原味的淮山系列产品,受到市场追捧,销路很好。

3. 推广示范,品牌升级

合作社创办了福州山格淮山分公司、电子商务中心,设立了安溪淮山协会厦门办事处,形成了规模经营格局,打响了山格淮山品牌。

(1)提高"山格淮山"品牌含金量。合作社举办安溪淮山文化节,申报"山格淮山"国家地理标志产品,吸引央视《致富经》栏目宣传报道,提高了"山格淮山"品牌的知名度。

(2)成立淮山产业扶贫创业联盟。2016年以来,合作社响应"精准扶贫"号召,发起成立安溪淮山产业扶贫创业联盟,打造安溪县千亩淮山基地、淮山产业扶贫示范园,帮扶安溪8个建档立卡贫困村、10个新经济社会组织成为联盟成员单位,以合作社提供淮山薯种、保底收购的形式,带动贫困户发展淮山生产。合作社在长坑、感德等8个淮山优良种植镇建设了1000亩标准化淮山种植基地,邀请一批淮山种植能手作为讲师,进入田间地头,手把手带动贫困农民种植淮山,共同致富,精准帮扶213户贫困户种淮山、稳脱贫。

(3)构建淮山农业观光产业园。合作社确定每年11月11日为安溪淮山日,把推动淮山产业三产融合发展的实践历程做成短片,在合作社、村委会等公共场所轮番播放,吸引社会力量商谈合作,吸引在外打工的年轻人返乡创业。

二、拓新"循环农业"模式发展绿色有机农业

——江西省靖安县黄龙凤凰山种养专业合作社

（一）合作社概况

1.合作社简介

江西省靖安县黄龙凤凰山种养专业合作社成立于 2007 年，位于靖安县香田乡黄龙村，有成员 100 余名。合作社主要从事绿色有机水稻种植、畜禽养殖、果业种植、园林苗木培育。合作社建有绿色有机水稻基地 3941.72 亩、标准化养猪场 1.5 万平方米、散养鸡场 2 万平方米，拥有全市领先的 8000 平方米现代化猪场污水处理设施，配套有 700 立方米大型沼气池 1 个、臭氧发射机和臭氧吹气罐各 1 台、猪场干湿分离机 1 套、34 立方米专用沼肥槽罐车 1 辆及相关设备。

2.合作社成效

江西省靖安县黄龙凤凰山种养专业合作社将畜禽养殖粪污处理与种植业有机衔接，克服了传统规模化畜禽养殖废弃物影响生态环境的弊端，探索出循环农业、绿色有机农业发展模式。合作社通过积极探索，打通畜禽养殖与种植业之间的资源循环利用，形成了合作社配套循环、异地对接社会化服务循环、立体种养生态循环三种畜禽粪污处理产业循环利用模式。

（二）合作社经验

1.合作社配套循环模式

合作社成立之初以果园种植及园林苗木培育为主，种植板栗、杨梅、猕猴桃等果园面积 100 余亩，红豆杉、罗汉松、桂花、山茶花、竹柏等园林苗木 15000 余株。2010 年起，合作社开始发展畜禽养殖，至 2018 年，猪场养殖规模已达万头。为解决畜禽粪污污染问题，合作社投资建设了与养殖规模相匹配的畜禽粪污处理设施，建立绿色有机水稻基地，借助农林渔业基地处理畜禽粪污，实现种养循环利用，最终消纳畜禽粪污无害

化处理后的产物。

合作社主要运用四种配套循环利用模式,即"猪-沼-稻(绿色、有机)""猪-沼-稻-油""猪-沼-果(板栗、杨梅、猕猴桃)""猪-沼-苗木(园林)"。"猪-沼-稻/果/苗木(园林)"模式是指规模化养猪产生的粪污经过干湿分离处理后,一部分干粪经堆积高温发酵处理,用于基地,也可以出售;另一部分粪污水经沼气池厌氧发酵处理,变成优质有机肥,用专用车送至基地,用于水稻、果树、园林苗木种植。"猪-沼-稻-油"模式是在"猪-沼-稻"基础上,增加一茬油菜。

通过多种形式的种养结合,畜粪肥沃了田地,提高了作物品质、产量和效益,促进了种植养殖共同发展,避免了环境污染。以合作社下辖的高湖镇永丰村绿色有机水稻基地为例,养殖5000头生猪的粪水经过干湿分离后,污水经厌氧发酵无害化处理(沼气池),再进入1300立方米的预处理池(微曝池)。处理后的沼液用专用沼肥槽罐车拖至永丰基地储肥池,储肥池通过铺设的灌溉管网,与永丰2000亩绿色有机水稻种植基地相配套,沼液得到高效利用。水稻基地共建有沼液池800立方米,铺设灌溉管网近5千米,年消纳沼液1.2万吨,减少化肥使用约120吨,每亩节约化肥150元,每年可节约成本30万元以上。

2.异地对接社会化服务循环模式

靖安县是江西绿色有机农业发展县,水稻、茶叶是两大支柱产业,境内有大片茶园种植基地,需要大量有机肥。靖安县畜禽养殖的发展,为绿色有机农产品基地提供了优质的肥源。合作社探索出农牧循环利用、异地对接的社会化服务模式,将合作社自身无法消纳的资源,通过"猪-沼-茶(绿色、有机)""猪-沼-果(绿色、有机)""猪-沼-花(切花)"的模式实现资源再利用,满足各基地对有机肥的需求。

(1)订单送货方式。主要向大型茶叶基地、大型果园输送沼液。合作社指导各基地建立大型沼液周转池及配套管网,根据生产季节需求,签订供货协议。按照基地要求,合作社定期将沼液运送至基地周转池。

合作社的收费标准为：20 千米以内、34 吨的专业转运车，每车收取 400 元；20 千米以外，每 10 千米加收费用 50 元。

（2）订单自提方式。主要向蔬菜基地、花卉基地、中小果园及家庭农场输送沼渣。根据生产季节需要，合作社与用户签订供货协议，用户开车上门提货。收费标准为每一百千克 40 元。

异地对接社会化服务模式主要解决资源转化循环利用，减少环境污染。合作社提供异地对接社会化服务的利润不大，服务收入用于维持人员、车辆、油料等基本开支，将大部分利润让给了基地、果园、家庭农场。以仁首镇大团村茶立方基地为例，合作社将处理后的沼液用专用沼肥槽罐车运至基地储肥池，通过灌溉管网，与基地 1500 亩茶园基地相配套。基地共建有沼液池 1200 立方米，铺设灌溉管网近 10 千米，年消纳沼液约 1.5 万吨，减少商品肥使用约 225 吨，每亩节约商品肥 350 元。使用 1.5 万吨沼液成本仅为 20 万元（每车 30 吨、400 元一车），每年仅肥料一项就节约成本 32.5 万元，而且茶叶品质得到大幅提高。

3.立体种养生态循环模式

立体种养是充分利用林下空间、虫草等自然资源发展养殖业，产生的废弃物回归土壤，供种植业再利用。立体种养生态循环模式实现了从传统农业"资源-畜产品-废物排放"的生产过程向"资源-畜产品-再资源化"生产过程的转变。为充分挖掘土地生产的潜能，合作社认真考虑禽类养殖的基地选择和空间配置，通过发展土鸡养殖开展立体种养生态循环利用。合作社在果园、苗木基地林中放养土鸡，充分利用林下空间和虫草等自然资源，既减少了鸡的饲喂量，节省了大量粮食，又能有效清除大田害虫和杂草，达到生物除害的功效，减少了劳动强度和大田的药物性投入。同时，还能增强家禽机体的抵抗力，家禽少得病，节约了预防性用药和果树、苗木肥料的资金投入，实现了以林（果）养牧、以牧促林（果）、林（果）牧结合的循环发展。合作社凤凰山土鸡园养殖场占地 2 万平方米，年饲养母鸡 2 万只，取得了良好的经济效益。

三、创"非常 6＋2"模式促水产养殖转型升级

——浙江省湖州南浔千金永根生态渔业专业合作社

（一）合作社概况

1.合作社简介

湖州南浔千金永根生态渔业专业合作社成立于 2010 年,位于浙江省湖州市南浔区千金镇东马干村。经过 10 年的发展,合作社成员从 5 户发展到 256 户,辐射 3 个区县、9 个乡镇,带动周边养殖户 2000 余户。合作社自有基地从 500 亩扩建到 2000 亩,成员养殖总面积近 2 万亩。合作社与浙江大学、浙江农林大学、上海海洋大学等多所院校密切合作,改良与研发养殖技术,使亩产量由最初的 750 千克提升到 2250 千克,亩产值由 9000 元提升到 5 万元。合作社在全国设有五大配送仓,"浔坊"牌产品销往全国各大水产批发市场、商超、酒店,并出口日、韩、东南亚各国,形成了以淡水鱼养殖为中心的"农产、农创、农旅"完整产业链模式。

2.合作社成效

湖州南浔千金永根生态渔业专业合作社经过积极探索,创造了"非常 6＋2"生态水产养殖模式。"6"指"一产＋二产＋三产"的生产模式,"2"指"物联网＋新零售"的商业模式。前者"养好鱼",后者"卖好鱼",带动成员实现水产养殖利润最大化。合作社也打造了 2000 亩省级生态精品园,勾勒出"水中养鱼、岸边种菜、坝上植果树、树下养鸡鸭"的原生态画面。合作社利用物联网技术实现档案建设、水体环境实时监测、远程操控,实现了水产养殖现代化、智能化。

（二）合作社经验

1.推行池塘内循环流水养殖（俗称"跑道鱼"）

采用生态标准化养殖模式,实现生态立体化种养,开创经济效益与生态效益相统一的集约型发展模式,走绿色生态农业,推动养殖可持续发展。

(1)"跑道鱼"模式。塘内循环流水养殖模式借鉴工厂化循环水养殖理念,将池塘养鱼与流水养鱼技术有机结合,通过建造养殖槽(流水池)和安装推水曝气等设备,将静态池塘养鱼改造成"生态式圈养",实现零水体排放,从根本上解决了水产养殖水体富营养化和污染的问题。同时,在水质净化区放养白鲢、花鲢以调节水质,并套养生态甲鱼增加养殖效益。2019年,"跑道鱼"产量达10吨/条,产值达20万元/条,平均亩利润达2万元。

(2)生态标准化养殖模式。鱼排出的粪便可作为岸边水培蔬菜的肥料,水培蔬菜的叶子和种子可作为园区鸡鸭的食物,鸡鸭的排泄物又可以作为坝上果树的天然有机肥。生态立体养殖模式在实现零污染排放的同时,还节约了成本,使园区利润最大化,形成了天然的良性物质循环系统。据测算,生态立体养殖模式较常规池塘养鱼可增产10%以上,养殖效益可提升20%以上。

2.创新零售方式(线上线下联动)

(1)搭建电商平台。合作社与阿里巴巴诚信通网站、企业微信公众号等平台合作,构建了以销售自有产品为主、覆盖生鲜全品类的社交电商平台,提供面向全国的批发、零售业务。2019年,合作社电商批发销售额为2100万元,2020年春节新冠肺炎疫情期间,批发销售额突破3000万元。

(2)强化批发档口及商超合作。合作社在杭州、上海、北京、武汉、广州设立五大直营批发档口,在全国有200多家代理商及合作商超,日均销量15吨,年销售总额约1亿元。

(3)健全冷链配送体系。合作社在杭州市设立了100多个社区门店作为配送点,配备冰箱、冰柜等设备,与冷库、保鲜车构成完整的冷链配送体系。合作社建成了线上线下联动、线下配送和自主提货相结合的淡水生鲜零售新模式,提货送货方便快捷,生鲜品质优良,月销售额达到1000万元。

3.拓展服务领域

在开展好传统服务项目的同时,合作社积极拓展服务领域,创新服务模式,更好地为成员服务。

(1)建立互助基金,解决成员资金困难。针对淡水养殖成本高、普通养殖户缺少起步资金的实际情况,合作社成立了互助基金,帮助成员解决融资难、融资贵问题。互助基金由合作社公积金、成员出资及成员存款组成。有融资需求的成员可向合作社申请,资金用途仅限于购买鱼苗、饲料、渔药、农资器械,在与合作社签订购销保证书后,即可申领互助基金。到 2019 年年底,合作社共发放互助基金 2.3 亿元,惠及养殖户 200 多户。

(2)实施统一采购,实现节本增效。合作社统一采购苗种、饲料、药品等重要物资,大于 100 万元人民币的采购通过招投标进行。合作社对中标单位的售后服务做出详细规定,如饲料供应中标商必须在供货期内派驻 15 人以上的技术团队,其中大专以上专业人员不得少于 80%,为合作社开展培训服务不得少于 1000 人次等。合作社通过统一采购物资,不仅降低了采购成本,还能获得稳定的技术保障,避免乱投食、乱用药带来的风险。

4.强化信息发布

为避免生产盲目性,精准对接市场需求,合作社在杭州设立配送中心,每天统计全国 20 个水产市场的淡水产品价格,通过数据分析推算出单品水产的市场需求量、塘口存货量、市场发展趋势、价格走向等信息。2018 年黄颡鱼价格处于历史低谷,成员们都想清塘更换养殖新鱼种。但合作社的市场数据显示,黄颡鱼苗种产量已降为往年的 50%,北京新发地市场、广州黄沙市场的销售量在稳步提升,于是果断鼓励农户养殖黄颡鱼全雄苗。2019 年 10 月后,黄颡鱼价格果然一路飙涨,2020 年年初已由 17 元/千克涨到 26 元/千克。通过精准的市场研判,合作社引导养殖户及时调整水产养殖品类,确保了成员利益。

5.深挖价值需求

随着水产行业由卖方市场向买方市场的转变,合作社深挖目标客户的价值需求,吸引更多的目标客户。

(1)推出净菜配送。合作社联合浙江农林大学、浙江海洋大学等高校,研发初加工产品,将活鱼宰杀、清洗、真空包装后,配置好调料包,制作成净菜,直接配送到家庭宅配市场,深得上班族和年轻人的喜爱。2013年首度推出后,即获得单品150万元的销售额。随着生鲜电商、社区电商的发展,2019年获得单品销量破1000万元的好成绩。

(2)推出鱼类文创。鱼皮、鱼骨、甲鱼壳等在过去被作为边角料丢弃。合作社与中国美术学院合作,在美院学生的帮助下,将这些边角料设计制作成精致的鱼皮画、鱼骨饰品、甲鱼壳工艺品,开发出比鱼本身价格还高的商品。

(3)引入休闲旅游。凭借距离上海、杭州、苏州等城市1个小时车程的地理优势,合作社通过社区店、网络直播平台宣传推广,面向都市居民开展垂钓、采摘、农家乐烧烤等周末休闲活动,开展土鸡土鸭、果蔬等认筹养殖项目,实现了"产品销出去、人流引进来"。至2019年年底,合作社总计接待游客量为5万人次,带动周边养殖户销售农产品200多万元。

参考文献

[1]张超.农民专业合作社的公共服务效率研究:基于浙江省的调查[M].中国社会科学出版社,2017.

[2]刘靖.农民专业合作社的规模经济和范围经济研究[M].经济科学出版社,2014.

[3]仵希亮.农民专业合作社的利益分析及空间扩展[M].中国农业出版社,2015.

[4]娄锋.农民专业合作社运作指南[M].云南大学出版社,2017.

[5]赵慧峰.农村合作经济组织建设与运行[M].中国农业出版社,2009.

[6]季玉福.农民专业合作社规范化建设[M].中国农业科学技术出版社,2012.

[7]中国农村合作经济管理学会.农村合作社重点问题研究汇编[M].中国农业出版社,2016.

[8]孔祥智.农村合作社管理人员[M].中国农业出版社,2014.

[9]李瑞芬,白华,戴晓娟,杜孝森.新时期农村合作社财务与管理问题研究[M].中国农业出版社,2016.

[10]卫书杰,姬红萍,黄维勤.农民专业合作社经营管理[M].中国林业出版社,2016.

[11]农业农村部农村合作经济指导司,农业农村部管理干部学院.全国农村合作社典型案例(一)[M].中国农业出版社,2019.

[12]姚元福,王秋芬,张文林.农民专业合作社创建与经营管理[M].中国农业科学技术出版社,2016.

[13]农业农村部农村合作经济指导司,农业农村部管理干部学院.全国

农村合作社典型案例(2020)[M].中国农业出版社,2020.

[14]顾仁恺.农民专业合作社建设与经营管理[M].中国农业出版社,
2018.

[15]胡伯龙,申龙均.农村合作社模式研究[M].东北师范大学出版社,
2016.

[16]孙树志.合作共赢农民专业合作社[M].中国民主法制出版社,2016.

[17]葛文光,李名威,董谦.农民专业合作社经营管理[M].河北科学技术
出版社,2016.

[18]胡苗忠.农民专业合作社会计实务[M].浙江工商大学出版社,2014.

[19]许伟.农民专业合作社财务会计实用教材[M].中国科学技术大学出
版社,2008.

[20]李颖,陈天宝.农民专业合作社读本[M].中国人口出版社,2010.

[21]徐麟辉,张克非,刘凤会.怎样办好农民专业合作社[M].甘肃人民出
版社,2013.

[22]余胜伟.农民专业合作社实用读本[M].武汉大学出版社,2010.

[23]李金霞,樊丰,麻润萍.农民专业合作社管理教程[M].山西经济出版
社,2008.

[24]石羡."互联网＋合作社"融合发展的影响因素分析[J].福建农林大
学学报,2017(01).

[25]徐玲.农村合作社农产品电子商务模式分析[J].江苏农村经济,2016
(04).

[26]葛磊,李想,吴祖葵,杨敬华."互联网＋"背景下农民专业合作社创
新与发展探究[J].农业展望,2016(12).

[27]张薇."互联网＋"背景下农村合作社发展探析[J].现代商业,2017
(22).

[28]张益丰.党支部领办合作社大有可为——对山东省莱州市田家村金
丰农业专业合作社发展的思考[J].中国农村合作社,2021(01).

[29]孙迪亮.农村合作社的十大功能[J].经济问题探索,2005(01).

[30]刘后平,张荣莉,王丽英.新中国农村合作社70年:政策、功能及演进[J].农村经济,2020(04).

[31]陈莉,刘国兴.农村合作社人力资源开发与利用的路径探究[J].高等农业教育,2018(06).

[32]王丹,李瑞芬,王彩,李华.北京市农民专业合作社人力资源管理研究[J].北京农学院学报,2020(35).

附　录

农业农村部办公厅关于建立"空壳社"治理长效机制

促进农民合作社规范发展的通知

2019 年以来,中央农办、农业农村部会同有关部门联合开展了"空壳社"专项清理,对无农民成员实际参与、无实质性生产经营活动、因经营不善停止运行、涉嫌以农民合作社名义骗取套取国家财政奖补和项目扶持资金、从事非法金融活动等的"空壳社"进行清理整顿,明确了农民合作社规范发展的导向,取得了较好成效。为进一步巩固专项清理成果,更好激发农民合作社活力,提升规范发展水平,现就建立"空壳社"治理长效机制有关要求通知如下。

一、建立健全源头治理的规范运行机制

(一)加强前期辅导。积极开展农民合作社发起成立时的前期辅导,加强农民专业合作社法等法律法规和政策宣传,使农民群众知晓办社目的、办社宗旨、办社原则、成员权利与义务、法律责任以及应当具备的设立条件等办社基本要求。指导农民合作社参照示范章程制定符合自身特点的章程,并根据章程规定加强内部管理和从事生产经营活动。引导农民合作社依法建立成员(代表)大会、理事会、监事会等组织机构,各机构有效运转,分别履行好成员(代表)大会议事决策、理事会日常管理执行、监事会内部监督等职责。推动在具备条件的农民合作社中建立党组织,加强对农民合作社成员的教育引导和组织发动,维护成员合法权益。

(二)健全内部管理。引导农民合作社与其成员建立紧密的利益联结关系,鼓励引导成员使用货币出资或用土地经营权、林权、实物、知识产权等可以依法转让的非货币财产作价出资。指导农民合作社按照实有成员进行登记备案,依法为每个成员建立成员账户,准确记载成员出

资额、公积金量化份额、与本社交易量（额）等内容。指导农民合作社规范财务管理，认真执行财务会计制度。指导农民合作社按照法律和章程制定盈余分配方案，经成员（代表）大会批准后实施。

（三）推进信息公开。农业农村部将建立部省间农民合作社经营异常情况定期通报机制，按季度向各省级农业农村部门通报被市场监管部门列入经营异常名录的农民合作社信息。各级农业农村部门要加强与同级市场监管部门、税务部门沟通，及时准确掌握本地区经营异常的农民合作社有关情况，采取适当方式进行提醒，督促其按时完成年报公示、更新有关登记和备案信息后申请移出名录。对连续两年未公示年报的农民合作社，要组织开展现场核实，根据生产经营情况做好分类处置。列入经营异常名录的农民合作社不得纳入示范社评定和政策扶持范围。引导农民合作社加强社务信息公开，每年至少召开一次成员大会，成员大会召开的十五日前将年度业务报告、盈余分配方案、亏损处理方案及财务会计报告等置备于办公地点，供成员查阅。

二、建立健全畅通便利的市场退出机制

（一）积极推动应用简易注销登记。对具有注销意愿、自愿退出市场的农民合作社，符合简易注销条件的，即未发生或已清偿完结债权债务、清偿费用、职工工资、社会保险费用、法定补偿金、应缴纳税款等，并由全体出资人书面承诺承担相关法律责任的，引导其按照《中华人民共和国市场主体登记管理条例》（以下简称《条例》）规定的简易程序办理注销登记，及时退出市场。各级农业农村部门要加强与同级市场监管部门、税务部门的沟通配合，推动集中办理，提高注销登记效率。

（二）推广简化一般注销程序。对注销登记前依法应当清算的农民合作社，引导其按照《条例》规定的期限和方式，履行清算组通知和公告程序，顺利完成债权登记、债务清偿和财产分配，及时办理注销登记，避免和减少纠纷。

（三）引导用好歇业制度。对因自然灾害、事故灾难、公共卫生事件、社会安全事件等原因造成经营困难的农民合作社,引导其利用好《条例》规定的三年歇业期制度,及时向登记机关办理备案,依法自主歇业,降低经营成本。

三、建立健全提升发展的指导服务机制

(一)加强辅导员队伍建设。积极拓宽选聘渠道,面向乡土能人、大学生、返乡创业人员和优秀农民合作社带头人等人才,培养发展辅导员,对农民合作社高质量发展给予指导服务。

(二)加强新型农业经营主体服务中心建设。鼓励各地采取择优遴选、挂牌委托、购买服务、备案管理等办法,依托具备条件的社会组织、行业组织等创建新型农业经营主体服务中心,为农民合作社提供制度建设、市场拓展、质量认证、财务会计、交流培训等辅导服务。

(三)加强教育培训。围绕农民合作社政策法规、合作理念、财务制度和会计制度、规范化建设等内容,采取专题培训、视频授课等方式,加强对基层干部、农民合作社辅导员、带头人和财务会计人员的教育培训,提高依法办社兴社的能力水平。

(四)依法惩处违法行为。加强对农民合作社申请涉农资金补助或投资支持项目的甄别,对涉嫌骗取套取国家财政项目资金或从事非法金融活动的农民合作社,及时移交有关部门依法依规处理。认真组织开展防范非法集资宣传进农村工作,结合农业农村领域非法集资风险特点,利用好农村广播、墙报宣传栏、农村图书馆等一线阵地,抓住农贸集市、文艺演出等时机,开展农民群众喜闻乐见的宣传教育活动,充分利用新媒体宣传平台作用,通过法律政策解读、典型案例剖析、投资风险教育等方式,宣传非法集资的违法性、危害性及其表现形式等,强化风险警示教育,增强农民合作社及广大农民群众自觉防范、主动拒绝非法集资的意识和能力。

农业农村部办公厅

2021 年 12 月 6 日